Cahier de français : vacances à Paris

パリのヴァカンスのフランス語ノート

森田けいこ　Kéiko Morita

SANSHUSHA

préface はじめに

Qu'est-ce que le « Cahier de français : vacances à Paris » ?
『パリのヴァカンスのフランス語ノート』とは？

いわずと知れたヴァカンス大国、フランス。
ヴァカンスといえば、「無、空っぽ」というその語源が示すように「何もしないこと！」。
ただ、フランスのヴァカンスには3つの大前提があります。
「ある一定の期間、いつものアクティヴィティを休止して、日常生活の場を離れること」。
どんなに遠くのビーチでくつろいでも、それが2、3泊なら、
恋人や家族と高級リゾート地にいても、仕事を持ち込んでいれば、
大好きな本や音楽に囲まれてリラックスしても、それが自宅なら、
本当のヴァカンスとはいえないのです。

そうなると、真のヴァカンスを過ごすためには、相当の覚悟と準備が必要になります。
「何もしないヴァカンス」のために、あらゆる努力を惜しまず、
それを国家的恒例行事、国民的大移動にしてしまったところが、
フランスがヴァカンス大国たるゆえんなのです。
荷物の準備や宿泊の手配にとどまらず、インフラだって法律だって「ヴァカンスのために！」。
だからこそ、ほとんどのフランス人にとって、ヴァカンス先はフランス国内。
ヴァカンスを通して、自分の国の季節や自然、文化や歴史に触れることは、
故郷や地方を、そしてフランスを愛する気持ちを育みます。
こうしてヴァカンスとフランスの実りある絆は、たゆまず受け継がれていくこととなります。

フランスの学校のヴァカンスは、
グランド・ヴァカンス（grandes vacances・大ヴァカンス）と呼ばれる夏休みを筆頭に、
秋休み、クリスマス休み、冬休み、春休み、の年5回。
日本と同様に、はっきりとした四季の移り変わりがあることと、
メール（mer・海）、ヴィル（ville・都市）、モンターニュ（montagne・山）、カンパーニュ
（campagne・田舎） の4つに分けられることから、
フランスの家族は、これを上手に組み合わせてヴァカンスを楽しみます。
もちろん、冬の海を、夏の山を楽しむこともありますが、一般的な組み合わせは、
夏休みは海、秋休みは観光を、クリスマスは家族で集い、冬休みはスキー、春休みは田舎の家で。
この1年のプランを通して見えてくる、ヴァカンス気分たっぷりのフランス語のコラージュが、
『パリのヴァカンスのフランス語ノート』なのです。

ヴァカンスとフランスの幸せな関係を物語る言葉たちを通して、
フランス語で巡るパリ発のヴァカンスへ、あなたも旅立ちませんか？

sommaire　もくじ

6	ヴァカンスの準備
8	ヴァカンスばんざい！

13	**Vacances d'Été :**　夏のヴァカンス
	à la Mer　〜ア・ラ・メール〜　海へ
16	ヴォキャブラリー　夏
18	ヴォキャブラリー　海
20	表現　夏はハイ・シーズン
22	表現　夏はオフ・シーズン
24	文章　旅する、旅、旅人
26	ヴァカンスのメモ　手紙を送る
28	ヴァカンスの恵み　海の幸
30	ヴァカンスの思い出　旅路のゲーム
32	フランスで過ごすなら　ビアリッツの海辺
34	パリで過ごすなら　夏のイヴェント

37	**Vacances d'Automne :**　秋のヴァカンス
	à la Ville　〜ア・ラ・ヴィル〜　街へ
40	ヴォキャブラリー　秋
42	ヴォキャブラリー　街
44	表現　秋の街角
46	文章　パリのモニュメント
48	ヴァカンスのメモ　カフェで過ごす
50	ヴァカンスの恵み　ジビエとキノコ
52	ヴァカンスの思い出　美術館のアトリエ
54	フランスで過ごすなら　モン・サン・ミッシェルへの巡礼
56	パリで過ごすなら　セーヌ川の水上散歩

59	**Vacances de Noël :**　ノエルのヴァカンス
	à la Maison　〜ア・ラ・メゾン〜　家で
62	ヴォキャブラリー　ノエル
64	表現　ノエルの前に
66	表現　ノエルの日に
68	文章　お祝いとそのゆかりのケーキ
70	ヴァカンスのメモ　クリスマスショッピング
72	ヴァカンスの恵み　聖なる晩餐（ばんさん）

74	ヴァカンスの思い出　クリスマスソング
76	フランスで過ごすなら　ストラスブールのクリスマスマーケット
78	パリで過ごすなら　ノエルのイルミネーション

81　**Vacances d'Hiver :**　冬のヴァカンス
　　　　　　　à la Montagne　～ア・ラ・モンターニュ～　山へ

84	ヴォキャブラリー　冬山
86	ヴォキャブラリー　スキー
88	表現　冬の暮らし
90	文章　ウィンタースポーツ
92	ヴァカンスのメモ　水を知る
94	ヴァカンスの恵み　チーズ料理
96	ヴァカンスの思い出　スキー学校のパーティ
98	フランスで過ごすなら　シャモニ・モンブランでスキー
100	パリで過ごすなら　スペクタクル

103　**Vacances de Printemps :**　春のヴァカンス
　　　　　　　à la Campagne　～ア・ラ・カンパーニュ～　田舎へ

106	ヴォキャブラリー　春
108	ヴォキャブラリー　田園
110	表現　春の田舎道
112	文章　菜園
114	ヴァカンスのメモ　ゴミを出す
116	ヴァカンスの恵み　ピクニックのごちそう
118	ヴァカンスの思い出　乗馬のレッスン
120	フランスで過ごすなら　フランスの庭園、ロワール地方
122	パリで過ごすなら　緑の森と公園

124	おわりに

＊フランス語の名詞には、男性名詞と女性名詞があり、本書では男性名詞を (m.)、女性名詞を (f.) と表記しています。
　　また、複数形のものには (pl.) と表記しています。
＊本書では、フランス語の名詞を次のように表記しています。

フランス語	読み方	男性もしくは女性、複数形	日本語
été	[エテ]	(m.)	夏

Avant de partir
ヴァカンスの準備

どこに行く？　On va où ?

site pittoresque	[シット・ピトレスク] (m.)	絵のような風景
lieu de cure	[リユー・ドゥ・キュール] (m.)	治療地、保養地
station touristique	[スタシオン・トゥーリスティック] (f.)	観光地
station balnéaire	[スタシオン・バルネエール] (f.)	海水浴場
station de ski	[スタシオン・ドゥ・スキー] (f.)	スキー場

どこに泊まる？　On reste où ?

hôtel	[オテル] (m.)	ホテル
palace	[パラス] (m.)	宮殿ホテル

高級ホテルに認定されている称号。2011年には、フランス国内に8つ。

grand hôtel	[グラン・オテル] (m.)	高級ホテル
résidence	[レジダンス] (f.)	アパートメント・ホテル、コンドミニアム

キッチンつきのアパート形式のホテル。

auberge de jeunesse	[オベルジュ・ドゥ・ジュネス] (f.)	ユースホステル
auberge	[オベルジュ] (f.)	（田舎の）ホテル
gîte rural	[ジト・リュラル] (m.)	貸別荘、田舎の民宿

キッチン・バスルームなどを備えた農家の部屋、別棟。

chambre d'hôte	[シャンブル・ドート] (f.)	ペンション、B&B、民宿

中世の館や城、大きな農家や民家の一室に泊まります。基本的に、朝食つき。

château-hôtel	[シャトー・オテル] (m.)	シャトー・ホテル

貴族が所有していた館や古城・修道院などの伝統的な建物を改造したホテル。

échange de logements	[エシャンジュ・ドゥ・ロジュマン] (m.)	住居の交換

旅行やヴァカンスの間、2家族が住居を交換して過ごすシステム。

ヴァカンスの帰り道で、次のヴァカンスの予定を立てているのがフランス人。「どこに行こう？」、「どこに泊まる？」、「子どもたちは？」。何もしないヴァカンスを過ごすためには労をいとわない、楽しい準備期間。人生は「仕事と休み」ではなく「ヴァカンス期間中とヴァカンス準備中」で成り立っているのです。

子どもたちは？　Que font les enfants ?

子どもたちの学校が休みの間、親もずっと休みが取れるわけではありません。ヴァカンス中の子どもたちのスケジュールを組むのは、親にとっての大事な任務。フランスではそれに応えるように、公共や民間の施設が運営する、様々なオプションがあります。

centre de loisirs　［サントル・ドゥ・ロワジール］(m.)　休暇センター
行政の管理下にあり、ヴァカンス期間中子どもたちを受け入れる施設。公立の幼稚園・小学校に設置され、基本的にはいつも通う学校に、学期内とほぼ同じ時間帯（最長で 8:20～18:00、昼食・おやつ込み）に預けることができます。ゲームや歌、図画工作の他、近くの公園でスポーツ大会をしたり、メトロに乗って美術館へ行くなど、毎日多彩なアクティヴィティが準備されています。

colonie de vacances　［コロニー・ドゥ・ヴァカンス］(f.)　林間学校、臨海学校、サマーキャンプ
行政の管理下にあり、1週間単位で参加する小旅行。滞在先によって、海や山などのスポーツなどが楽しめるカリキュラムになっています。

stage　［スタージュ］(m.)　実習、研修、レッスン
子ども向けの施設や習い事の教室で企画される、短期集中型の実技体験レッスン。半日または終日（昼食込み）で1～2週間、絵画や乗馬、水泳などの教室に通います。

atelier　［アトリエ］(m.)　アトリエ、ワークショップ
美術館や博物館、施設や企業などが子どもたちの年齢に合わせて企画する、1時間～半日ほどの単発ワークショップ。

Je fais ma valise !
［ジュ・フェ・マ・ヴァリーズ！］
荷造りするよ！

C'est parti !
［セ・パルティ！］
さあ、出発！

Profitez des vacances !
［プロフィテ・デ・ヴァカンス！］
ヴァカンス楽しんでね！

sept 7

Vive les Vacances !
ヴァカンスばんざい！

1. M'amuser.
   遊ぶこと。
2. Me reposer.
   何にもしないの。

Athénais

1. Me détendre et aller dans des pays étrangers.
   ゆっくりしたり、外国に行ったり。
2. C'est un moment de détente pour moi.
   私にとってはお休み期間。

Hanaé

1. Du surf à Casablanca.
   カサブランカでサーフィンするの。
2. C'est un moment d'amusement !
   楽しい時間！

Inès

パリの小学校に通う、4年生の女の子たちに聞いてみました。

1. « Qu'est que tu aimes faire pendant les vacances ? »
   ヴァカンスには何をするのが楽しみ？
2. « C'est quoi les vacances pour toi ? »
   ヴァカンスって、なあに？

1. Aller à la piscine.
   プールに行くこと。
2. C'est le repos.
   何にもしないことよ。

Justine

1. Faire du ski, de l'équitation et me reposer.
   スキーと、乗馬、そして何もしないこと。
2. C'est un endroit de repos où on peut s'amuser.
   ゆっくりしたり、遊んだりすることよ。

Nohaïla

1. J'aime aller en montagne pendant un mois.
   1か月の間、山に行くのよ。
2. Pour moi, les vacances, c'est ne pas travailler !
   ヴァカンスって、勉強しないこと！

Lucile

neuf 9

1. « Qu'est que tu aimes faire pendant les vacances ? »
   ヴァカンスには何をするのが楽しみ？

2. « C'est quoi les vacances pour toi ? »
   ヴァカンスって、なあに？

1. De l'équitation, aller à la plage, m'amuser !
   乗馬、ビーチ、遊び！

2. On fait ce que l'on veut. J'aime ça.
   好きなことだけをすること。これがイチバン。

Hannah

1. J'aime jouer, aller à la plage.
   遊ぶの大好き、ビーチに行くの。

2. C'est cool on se repose !
   何もしないことって、クール！

Jessica

1. J'aime m'amuser, faire du tennis, aller à la piscine, aller dans l'avion.
   遊び、テニス、プール、飛行機に乗ること。

2. C'est quand il n'y a pas école.
   学校がないこと。

Sérèna

1. J'aime bien aller au Portugal voir mes cousins.
ポルトガルに行っていとこに会うわ。
2. Les vacances, pour moi, c'est m'amuser, me promener et voir ma famille.
遊ぶこと、散歩すること、家族と会うこと。

Rute

1. J'aime aller au Portugal ou en Chine.
ポルトガルか中国へ行くわ。
2. C'est du repos.
何もしないこと。

Justine

1. J'aime me reposer, faire des voyages, et surtout être à l'hotel...
何もしないの大好き、旅行に行くのも好きよ。何といってもホテルが好き…
2. C'est cool tu te réveilles tard !
朝寝坊すること、これってクール！

Pauline

1. J'aime faire tout ce que je veux ! Jouer avec mes amis, aller dans d'autres pays, avoir des activités.
したいことだけするの！ 友だちと遊んだり、いろいろなところへ行ったり、アクティヴィティをしたり。
2. C'est fait pour se reposer et s'amuser.
休んだり、楽しんだりすること。

Aria

onze 11

夏のヴァカンス
~ア・ラ・メール~
海へ

Vacances d'Été
à la Mer

treize 13

ヴァカンスといえば、夏。引いては寄せる波の音を聞きながらうとうと…が、王道かつ理想的なヴァカンスですが、そのひとときのまどろみをむさぼるために、労を惜しまない姿は脱帽ものです。フランスを縦断する渋滞中の、子どもを飽きさせない準備、いつもはひなびた港町がヴァカンス客で溢れ、アイスクリーム1つ買うにも行列…。

一方、ヴァカンス先の混雑ぶりは、都心部や住宅地の空洞化を物語ります。都市機能は、良くて低下、悪くて中断。《 C'est les vacances. 》[セ・レ・ヴァカンス]「**ヴァカンスだから**」はすべての責任を不問にする、よくも悪くも魔法の言葉になります。仕事の停滞をよそに、どうしてそんなに罪悪感なくヴァカンスを満喫できるのか…。彼らは創世記にまでさかのぼって、ヴァカンスを正当化します。「アダムとイヴが禁断の実を口にして神の怒りに触れ、楽園を追放されてから、人は食べるために働かなくてはならなくなった。労働は、神から人間に与えられた罰。仕事は生き甲斐や美徳ではなく、罰に伴う苦痛でしかないのだ」と…。

にぎやかでカラフルな海辺を、夕日がオレンジ色に染めあげる一瞬、黄昏の静寂が流れます。ヨーロッパの夏は、短くはかなく、だからこそ切ないまでに美しい。それは、まさに地上の「楽園」なのです。夏もヴァカンスも、そして人生も常に終わりをはらんでいる。ひととき地上に楽園が現れたなら、あまねく享受しなくては。《 **C'est la vie.** 》[セ・ラ・ヴィ]「**それが人生なのだから**」…。

été	[エテ] (m.)	夏
mer	[メール] (f.)	海
vacances d'été	[ヴァカンス・デテ] (f. pl.)	夏のヴァカンス、夏休み
		（7〜8月の約2か月）
別名：grandes vacances	[グランド・ヴァカンス] (f. pl.)	大ヴァカンス

le vocabulaire
ヴォキャブラリー

夏
L'Été

solstice d'été
[ソルスティス・テテ] (m.)
夏至

canicule
[カニキュル] (f.)
猛暑

tournesol
[トゥルヌソル] (m.)
ヒマワリ

lavande
[ラヴァンド] (f.)
ラヴェンダー

botte de blé
[ボット・ドゥ・ブレ] (f.)
麦の束
西洋絵画や彫刻で女神が麦を手にしていたら、それは夏の寓意になります。

cigale
[シガル] (f.)
セミ
セミはヨーロッパでは地中海沿岸の南方でしか見られないため、フランスでは南仏の夏の象徴です。

cornet de glace
[コルネ・ドゥ・グラス] (m.)
アイスクリームのコーン

lunettes de soleil
[ルネット・ドゥ・ソレイユ] (f. pl.)
サングラス

bronzage
[ブロンザージュ] (m.)
日焼け

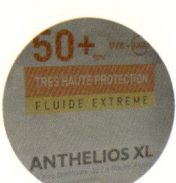

crème solaire
[クレーム・ソレール] (f.)
日焼け止めクリーム

embouteillage
[アンブティヤージュ] (m.)
交通渋滞

bouchon
[ブション] (m.)
交通渋滞
「(ワインなどの) 栓」と同意語

grande migration estivale
[グランド・ミグラシオン・エスティヴァル] (f.)
夏の大移動

autoroute du soleil
[オトルート・ドゥ・ソレイユ] (f.)
太陽の高速道路
パリ - マルセイユ (南仏) を結ぶ高速道路 A6, A7 の別称

ami(e) de vacances
[アミ・ド・ヴァカンス] (m. f.)
ヴァカンス先での友だち

vacancier
[ヴァカンシエ] (m.)
ヴァカンスを過ごす人 (男性)

vacancière
[ヴァカンシエール] (f.)
ヴァカンスを過ごす人 (女性)

juillettiste
[ジュイエティスト] (m. f.)
7月にヴァカンスを取る人

aoûtien
[ウティエン] (m.)
8月にヴァカンスを取る人 (男性)

aoûtienne
[ウティエンヌ] (f.)
8月にヴァカンスを取る人 (女性)

le vocabulaire
ヴォキャブラリー

海
La Mer

océan
[オセアン] (m.)
大洋、大海、海洋

cap
[キャプ] (m.)
岬

côte
[コート] (f.)
海岸

falaise
[ファレーズ] (f.)
（海岸の）崖

rivage
[リヴァージュ] (m.)
岸、浜辺、波打ち際

phare
[ファール] (m.)
灯台

port de plaisance
[ポール・ドゥ・プレザンス] (m.)
ヨットハーバー

planches
[プランシュ] (f. pl.)
板張りの遊歩道

parasol de plage
[パラソル・ドゥ・プラージュ] (m.)
ビーチパラソル

transat
[トランザット] (m.)
布製の折りたたみデッキチェア

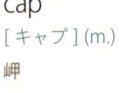

plage de sable
[プラージュ・ドゥ・サーブル] (f.)
砂浜

plage de galet
[プラージュ・ドゥ・ギャレ] (f.)
丸い小石の浜、砂利浜

râteau
[ラトー] (m.)
熊手

coquillage
[コキヤージュ] (m.)
貝、貝殻

mouette
[ムエット] (f.)
カモメ

horizon
[オリゾン] (m.)
水平線、地平線

bain de mer
[バン・ドゥ・メール] (m.)
海水浴

bain de soleil
[バン・ドゥ・ソレイユ] (m.)
日光浴

baigneur
[ベニヤール] (m.)
水浴する人（男性）

baigneuse
[ベニューズ] (f.)
水浴する人（女性）

les expressions
表現

夏はハイ・シーズン
L'Été, C'est la Haute Saison

BAIGNADE AUTORISÉE
海水浴区域

**Pêche de coquillages INTERDITE
risque pour la SANTÉ**
潮干狩り［直訳：貝の釣り］禁止
健康を害する恐れあり

BOULEVARD DE LA PLAGE
海岸大通り

**INTRODUIRE LA PIECE DE MONNAIE
APPUYER SUR LE BOUTON.
LES FAUSSES PIECES NE SONT PAS RESTITUÉES.**
硬貨を入れてボタンを押してください。
おつりは出ません。
［展望台に作り付けの望遠鏡の使用方法］

夏の海辺は大にぎわい。空と海のブルーに挟まれて、カラフルなパラソルがモザイクのように所狭しと並びます。寄せては引く波の音、カモメの鳴き声、子どもたちの歓声…。潮の香りに包まれて、波打ち際を歩いてみましょう。

CRÊPERIE
TERRASSE AVEC VUE SUR LA MER
ACCÉS AUX RAMPARTS
クレープのレストラン
海の見えるテラスあり
城壁からお入りください

ESCALES GOURMANDES EN CÔTE D'EMERAUDE
エメラルド海岸［サン・マロ湾沿岸の別称］の食いしん坊たちの寄港地

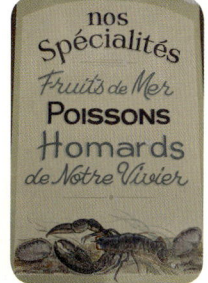

nos Spécialités
Fruits de Mer, Poissons, Homards de Notre Vivier
当店のスペシャル
海の幸、魚、いけすのロブスター

SALLE À L'ÉTAGE Vue sur Mer
2階に海の見える部屋あります

Merci De Déguster Vos Glaces Avant de Rentrer
dans Le Magasin.　Merci.
アイスクリームは入店前にお食べくださるようお願いします。

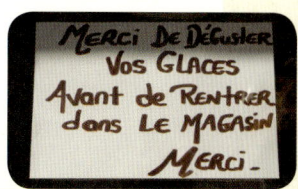

les expressions
表現

夏はオフシーズン
L'Été, C'est Aussi la Basse Saison

HORS SERVICE
故障中
[= out of order]

EN PANNE
故障中
[= breakdown]

Très belles vacances et rendez-vous le 27 Août
素晴らしいヴァカンスを、そして8月27日にお会いしましょう

Fermeture annuelle
Réouverture le mardi 24 août
A bientôt !
年休
8月24日再開店
それではまた！

Réouverture Fin Août Début Septembre.
8月末または9月初めに再開店します。

一方、パリは至る所にこんな貼り紙が…。観光客でにぎわう表通りから一歩路地に入ると、シャッターの降りたひっそりとした通りが続きます。パリで一番おいしいアイスクリームのお店さえ、夏はヴァカンスで閉店です。

BONNES VACANCES LES PETITS ! ON SE RETROUVE LE 25 AOÛT
子どもたち、よいヴァカンスを過ごしてね！　次は8月25日に会いましょう

Congés Annuels
Fermé au mois d' Août
Bonnes vacances à tous.
La Direction

年休
8月は閉店します
みなさまによいヴァカンスを。
店長

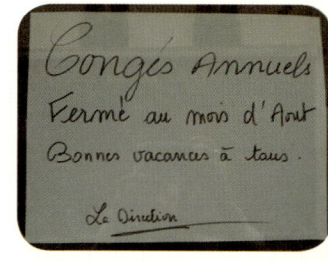

FERMETURE ANNUELLE
Du Dimanche 25 Juillet 2010
Au Mardi 24 Août 2010 inclus

年休
2010年7月25日日曜日から2010年8月24日火曜日（含む）まで

Chère clientèle,
Le magasin sera fermé pour congés d'été du 3 août au 30 août inclus.
La direction.

親愛なるお客さま、
当店は夏休みで8月3日から8月30日（含む）までお休みします。
店長。

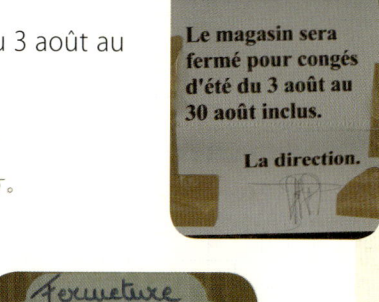

Fermeture congés.
Vendredi 6 Août au soir
Réouverture Lundi 30 Août au Matin

年休。
8月6日金曜日夕方から　再開店8月30日月曜日朝まで
［8月6日の閉店後から8月30日開店前までお休み］

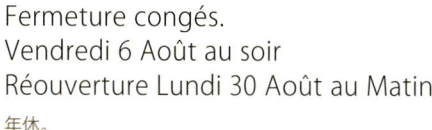

vingt-trois

les textes
文章

旅する、旅、旅人
Voyager, les voyages, le voyageur

幼稚園の年長組のときの « cahier de langage » ［カイエ・ドゥ・ランガージュ］「ことばのノート」から、それぞれのヴァカンスに関連するトピックについて書かれた文章をご紹介します。次のヴァカンスでするだろうな、役に立つだろうな、というトピックについての文章で、先生が読んで説明したあと、子どもたちにいろいろな質問をするという授業だったようです。

Voyager, les voyages, le voyageur

Lundi : Voyager, c'est se déplacer pour faire de grands trajets. On peut aller d'une ville vers une autre ville, d'une région vers une autre région, d'un pays vers un autre pays.

La personne qui voyage est un voyageur ou une voyageuse.

Mardi :
On peut voyager pour différentes raisons :
  – Pour son travail : on peut rencontrer des clients dans un endroit éloigné.
  – Pour son plaisir pendant les vacances : aller dans des pays chauds.
  – Pour découvrir d'autres pays de la terre et c'est faire du tourisme.

Mercredi : Avant de partir un voyageur doit faire ses valises ou ses bagages. Il emporte avec lui les affaires dont il aura besoin durant son voyage.
S'il part vers les pays chauds, il emportera des vêtements. Au contraire, s'il part faire du ski, il emportera des vêtements chauds.
Pour transporter ses affaires, il peut utiliser différents bagages :
  – des valises
  – des sacs de voyage ou des sacs à dos
  – des malles (s'il s'en va très longtemps)

Jeudi : Pour voyager, on peut utiliser différents moyens de transport.
Pour voyager sur terre : la moto, la voiture, le car, un mobile-home ou le train.
Pour voyager sur l'eau : la péniche, le paquebot.
Pour voyager dans les airs : l'avion, l'hélicoptère.

Vendredi : Pour se déplacer, on peut utiliser encore bien des moyens qui ne servent pas au voyage, mais au jeu ou au sport ou bien aux trajets plus courts :

Exemples :
  – la planche à roulettes
  – l'autobus
  – le voilier
  – l'ULM
  – la montgolfière
  – les skis.

> *Dans quel endroit va-t-on prendre l'avion ?*
> [ダン・ケル・アンドロワ・ヴァトン・プロンドル・ラヴィオン？]
> 飛行機にはどこで乗りますか？

> *On va prendre l'avion à l'aéroport.*
> [オン・ヴァ・プロンドル・ラヴィオン・ア・ラエロポール]
> 空港で乗ります。

Voyager, les voyages, le voyageur   旅する、旅、旅人

Lundi : Voyager, c'est se déplacer pour faire de grands trajets.
On peut aller d'une ville vers une autre ville, d'une région vers une autre région, d'un pays vers un autre pays.
La personne qui voyage est un voyageur ou une voyageuse.

月曜日：旅する、それは遠くへ行くために大移動することです。
ある街から他の街へ、ある地方から他の地方へ、ある国から他の国へ行くことができます。
旅をする人を、ヴォワイヤジュール（男性）、ヴォワイヤジューズ（女性）といいます。

Mardi :
On peut voyager pour différentes raisons :
_ Pour son travail : on peut rencontrer des clients dans un endroit éloigné.
_ Pour son plaisir pendant les vacances : aller vers les pays chauds.
_ Pour découvrir d'autres pays de la terre et d'autres habitants : c'est faire du tourisme.

火曜日：
私たちはいろいろな理由で旅をします：
- 仕事のため：遠くの仕事相手の人と会うことができます。
- ヴァカンスの間の楽しみのため：暑いところへ行きます。
- 外国や外国人を知るため：観光をします。

Mercredi : Avant de partir un voyageur doit faire ses valises ou ses bagages. Il emporte avec lui les affaires personnelles dont il aura besoin durant son voyage.
S'il part vers les pays chauds, il emportera des vêtements légers.
Au contraire, s'il part faire du ski, il emportera des vêtements chauds.
Pour transporter ses affaires, il peut utiliser différents types de bagages :
   _ des valises
   _ des sacs de voyage ou des sacs à dos.
   _ des malles (s'il s'en va très longtemps).

……

水曜日：旅に出る前に、スーツケースや荷物を準備しなくてはいけません。旅行の間に必要な自分の物を運びます。

暑い地方へなら、軽装を準備します。

反対に、スキーへ行くなら、防寒着を準備します。

持ち物を運ぶためには、様々な荷物のタイプを使うことができます：
- スーツケース
- 旅行バッグ、またはリュックサック。
- 大型トランク（長期間の場合）。

＜後略＞

le savoir-faire

ヴァカンスのメモ

手紙を送る
Envoyer des Lettres

Paris Banlieue
(75, 77, 78, 91, 92, 93, 94, 95)

Dernière levée
Lundi au vendredi 16H00　Samedi 12H00

パリ、パリ近郊
（※パリとパリ近郊の郵便番号の上2桁）

最終収集
月曜日から金曜日 16 時　土曜日 12 時

Autres départements
Etranger

Dernière levée
Lundi au vendredi 16H00　Samedi 12H00

他の県
外国

最終収集
月曜日から金曜日 16 時　土曜日 12 時

フランスのポストは黄色。立っていたり、壁にくっついていたりと姿はいろいろですが、ほとんどの場合、差し入れ口が2つあります。向かって左側はその近辺地域へ、右側が遠方や海外へ。即時に届くメールも便利ですが、「日常生活とのギャップ」が醍醐味のヴァカンスの香りを伝えるには、遠くから時間をかけてやって来るポストカードの方が向いているかもしれません。

郵便局

最終収集：

・地方と外国
　月曜日から金曜日まで18時

・パリとパリ近郊
　月曜日から金曜日まで19時

・すべての宛先
　土曜日12時

日本に送るときは、JAPONとドに大きく書けば、宛名も住所も日本語でOKです。
宛名書きに添える言葉の例：

　　　Par Avion　　　　　　　　［パル・アヴィオン］　　　　　航空便で
　　　chez 〜　　　　　　　　　［シェ］　　　　　　　　　　　〜様方
　　　Prière de faire suivre　　　［プリエール・ドゥ・フェール・スュイーヴル］　転送願い
　　　　　　　　　　　　　　　　　　相手のヴァカンス先や転居先に転送してもらう場合
　　　aux bons soins de　　　　　［オ・ボン・ソワン・ドゥ］　　様気付（A.B.S.と略すことも）
　　　　　　　　　　　　　　　　　　相手の滞在先のホテルなどに送る場合

les spécialités
ヴァカンスの恵み

海の幸
Fruits de Mer

fruits de mer	[フリュイ・ドゥ・メール] (m. pl.)	海の幸

直訳すると「海の果実」ですが、甲殻類や貝類の総称として使われます。魚は含まれません。

crustacé	[クリュスタセ] (m.)	甲殻類
homard	[オマール] (m.)	オマールエビ、ロブスター
langouste	[ラングストゥ] (f.)	イセエビ
langoustine	[ラングスティヌ] (f.)	エビ
crevette	[クルヴェト] (f.)	小エビ
crabe	[クラブ] (m.)	カニ

coquillage	[コキヤージュ] (m.)	貝類
coquille Saint-Jacques	[コキーユ・サン・ジャック] (f.)	ホタテ貝
huître	[ユイトル] (f.)	牡蠣
moule	[ムール] (f.)	ムール貝
palourde	[パルールドゥ] (f.)	ハマグリ
couteau	[クトー] (m.)	マテ貝
ormeau	[オルモ] (m.)	アワビ

農業国のイメージが強いフランスですが、北は la Manche [ラ・マンシュ] (f.) 英仏海峡、東は L'océan Atlantique [ロセアン・アトランティック] (m.) 大西洋、南は La Méditerranée [ラ・メディテラネ] (f.) 地中海 に接していることから、海の幸にも恵まれています。大きな銀のプレートに氷を敷いて盛られる海の幸を、おしゃべりなフランス人が少し無口になって、皮をむいたり貝から取り出したり。ヴィネグレットソースやマヨネーズ、バターソースでいただきます。

その他

oursin	[ウルサン] (m.)	ウニ
seiche	[セッシュ] (f.)	コウイカ
calmar	[カルマー] (m.)	ヤリイカ
poulpe	[プルプ] (m.)	タコ
encre noire	[アンクル・ノワール] (f.)	（イカ、タコなどの）墨 [直訳：黒インク]

北方のノルマンディー地方やブルターニュ地方では酪農が盛んなため、お魚料理はクリームやバターを使って（たとえば sole à la meunière [ソル・ア・ラ・ムニエール] (f.) **舌平目のムニエル**）。南方のコート・ダジュール地方やプロヴァンス地方では、太陽の恵みを受けた野菜たちや、香り豊かなハーブ、オリーブオイルと（たとえば bouillabaisse [ブイヤベス] (f.) **ブイヤベース**）…など、地方色豊かに楽しめます。

souvenir de vacances
ヴァカンスの思い出

旅路のゲーム
Jeux de Voyage

1, 2, 3... boum ! [アン・ドゥ・トロワ…ブム！] 1、2、3…ドーン！

2人以上で、数字を1人ずつ1から数えていき、4、4のつく数字、4の倍数のときは《 **boum !** 》[ブム！]「**ドーン！**」と言うゲーム。間違えた人が負け。
ヴァリエーション：《 **boum !** 》に置き換える数字を変える。他の言語の数字でする、など。

> 1, 2, 3, boum ! 5, 6, 7, boum ! 9, 10, 11, boum ! 13, boum ! 15, boum ! 17, …
> [アン、ドゥ、トロワ、ブム！　サンク、シス、セット、ブム！　ヌフ、ディス、オンズ、ブム！　トレーズ、ブム！　カンズ、ブム！　ディセット…]

Pierre-feuille-ciseaux [ピエール・フイユ・シゾー] (f.) じゃんけん

pierre　　[ピエール] (f.)　石（グー）
feuille　　[フイユ] (f.)　葉（パー）
ciseaux　　[シゾー] (m. pl.)　はさみ（チョキ）
遊び方は日本と同じ。

> 1, 2, 3, pierre, feuille, ciseaux.
> [アン・ドゥ・トロワ・ピエール・フイユ・シゾー]
> じゃんけん、ぽん。

ヴァカンス先へたどり着くまで、そしてヴァカンス先からの帰路、狭い空間で長時間がまんしなくてはいけないのは、大人も子どもも同じです。サービスエリアやレストランでは、そんな子どもたちに配慮したスペースやプレゼントが準備されているところもありますが、ここでは紙も鉛筆もなくて遊べる、シンプルで簡単なゲームをご紹介します。

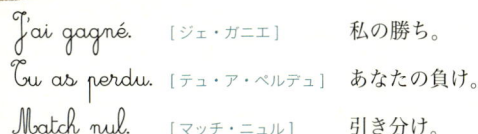

Mourre [ムール] (f.) 数当てゲーム

古代エジプト、ギリシャ・ローマの時代から行われていたというゲーム。
1. 2人向き合って、片手をグーにして出す。
2. 合図に合わせて、2人一緒に好きな数だけ指を出すのと同時に、1から10までの数字を言う。
3. 2人の出した指の合計と口で言った数字が合っていた人の勝ち。

ヴァリエーション：人数を増やす。手を増やす。
（増えた指の数に応じて当てる数字の範囲も大きくなります。）

J'ai gagné.　　[ジェ・ガニエ]　　私の勝ち。
Tu as perdu.　　[テュ・ア・ペルデュ]　　あなたの負け。
Match nul.　　[マッチ・ニュル]　　引き分け。

その他

devinette　[ドヴィネット] (f.) / énigme　[エニグム] (f.)　なぞなぞ
blague　　　[ブラーグ] (f.)　　　　　　　冗談
quiz　　　　[キーズ] (m.)　　　　　　　　クイズ
pliage　　　[プリアージュ] (m.)　　　　　折り紙
　origami [オリガミ] (m.) でも通じるようになってきました。
ombres chinoises　[オンブル・シヌワーズ] (f. pl.)　　影絵 [直訳：中国風の影]

en France
フランスで過ごすなら

ビアリッツの海辺
Les Bords de la Mer de Biarritz

夏の海のヴァカンスといえば、ニースやカンヌ、サントロペなどの Côte d'Azur [コート・ダジュール] (f.) 紺碧海岸 が思い浮かびますが、家族連れに人気なのは、英仏海峡沿いや大西洋岸のビアリッツなどの砂浜ビーチ。地中海沿岸は丸石のビーチが多く、砂遊びができないので、子どもたちには少し退屈。砂浜のビーチだと、子どもたちは無心に砂遊びを楽しみ、大人たちはその隣でのんびり日光浴ができるというわけです。

Biarritz [ビアリッツ] ビアリッツ はスペインとの国境にまたがる le pays basque [ル・ペイ・バスク] (m.) バスク地方 にあり、言葉や建築様式、食べ物に独特の文化を保っています。ナポレオン3世の皇后ウージェニーの別荘がつくられたことから、リゾート地として発展しました。

ビアリッツ近辺の見どころは…

Saint-Jean-de-Luz　　　[サン・ジャン・ドゥ・リュズ]　　　サン・ジャン・ド・リュズ
　　ルイ14世がスペインから迎えた妃と結婚式を挙げた教会が今も残っています。

Ciboure　　　　　　　　[シブール]　　　　　　　　　　　シブール
　　作曲家、モーリス・ラヴェルの生まれ故郷

バスク地方のお楽しみは…

espadrille　　　　　　　[エスパドリーユ] (f.)　　　　　　エスパドリーユ
　　麻の縄底と布地の、軽い履き心地の靴

linge basque　　　　　　[ランジュ・バスク] (m.)　　　　　バスク織りのリネン類
　　色鮮やかなストライプ柄のテーブルクロスやナプキンなど

béret basque　　　　　　[ベレ・バスク] (m.)　　　　　　　ベレー帽
　　フランスのベレー帽は、ここが発祥の地です。

おいしいものもたくさん！

pintxo [ピンチョ] (m.) ピンチョス
　　小さなパンに魚介類などの料理をのせたおつまみ

jambon de bayonne　　　[ジャンボン・ドゥ・バイヨンヌ] (m.)　バイヨンヌ産生ハム

piment d'Espelette　　　[ピマン・デスペレット] (m.)　　　エスペレット村のトウガラシ

gâteau basque　　　　　[ガトー・バスク] (m.)　　　　　　ガトーバスク
　　ダークチェリーのジャムまたはカスタードクリームの入ったクッキー生地のケーキ

trente-trois

à Paris
パリで過ごすなら

夏のイヴェント
Les Évènements d'Été

パリの夏の風物詩といえば、「革命記念日」、「テュイルリー公園の移動遊園地」、「パリ・プラージュ」。7月14日の革命記念日の花火を出発の合図のように、パリジャンたちはヴァカンスへ繰り出します。残されたパリは、ひっそりと静まる住宅街と、旅行者でにぎわう観光スポットに二分されます。それはちょうど、真夏の陽光がくっきりと描き出す、光と影のようです。

14 juillet　[カトールズ・ジュイエ] (m.)　**7月14日の革命記念日、パリ祭** は、前夜祭からはじまり、当日も夜まで続きます。

前夜祭は…
    grand bal à la Bastille　　[グラン・バル・ア・ラ・バスティーユ] (m.)　バスティーユ広場の舞踏会
    bal des pompiers　　　　　[バル・デ・ポンピエ] (m.)　　　　　　消防署のダンスパーティ

当日の午前中は…
    défilé militaire　　　　　　[デフィレ・ミリテール] (m.)　　　　　　軍事パレード

当日の夜は…
    feu d'artifice devant la tour Eiffel　　[フ・ダルティフィス・ドゥヴァン・ラ・トゥール・エッフェル] (m.)
　　　　　　　　　　　　　　　　　　　　　　　　　　　　　　　　　　　エッフェル塔前の花火

Fête des Tuileries　[フェット・デ・テュイルリー] (f.)　**テュイルリー祭** は、毎年7〜8月の夏休みの間、テュイルリー公園にやって来る移動遊園地です。

楽しめるものは…
    manèges　　　　　　　[マネージュ] (m. pl.)　　　　　遊園地などの乗り物一般
    grande roue　　　　　　[グランド・ルー] (f.)　　　　　大観覧車
    montagnes russes　　　[モンターニュ・リュス] (f. pl.)　ジェットコースター　[直訳：ロシアの山]
    maison hantée　　　　　[メゾン・アンテ] (f.)　　　　　　お化け屋敷
    pêche aux canards　　　[ペシュ・オ・カナール] (f.)　　　アヒル釣り
流れるアヒルを釣り竿で釣れたら、おもちゃと交換してもらえます。

Paris plages　[パリ・プラージュ] (m.)　**パリ・プラージュ** は、7月末〜8月末までの約1か月間、セーヌ川沿いに作られる、期間限定の人工ビーチとアトラクションです。

川岸に登場するのは…
    bibliothèque éphémère　[ビブリオテク・エフェメール] (f.)　臨時図書館
    palmier　　　　　　　　[パルミエ] (m.)　　　　　　　　ヤシの木
    hamac　　　　　　　　　[アマック] (m.)　　　　　　　　ハンモック

秋のヴァカンス

～ア・ラ・ヴィル～

街へ

Vacances d'Automne
à la ville

marronnier

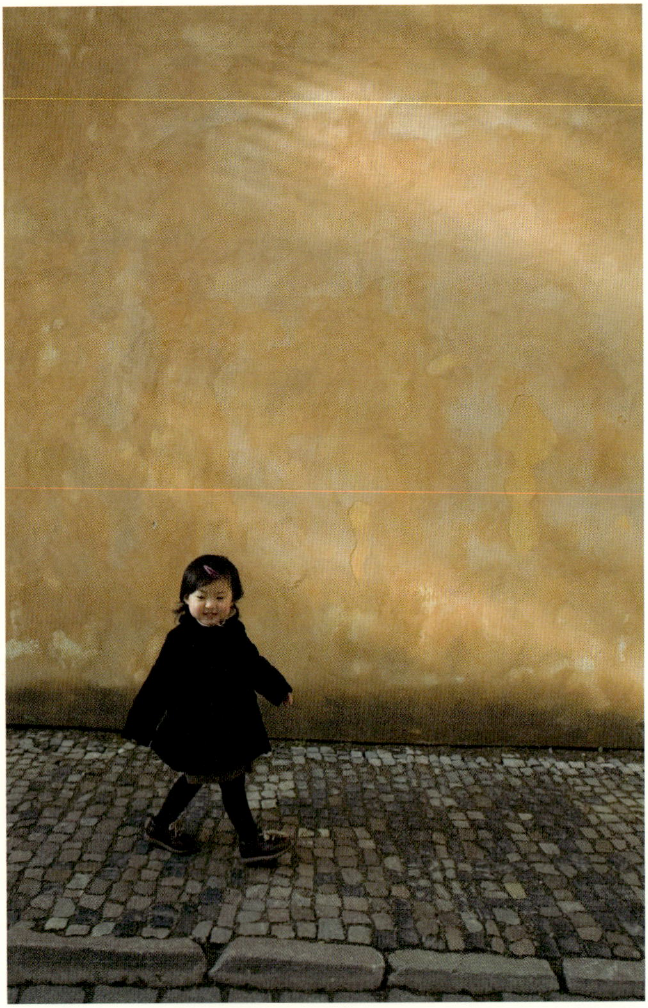

フランスの秋は黄金色(こがね)。冷気を帯びた風に木の葉が揺れ、柔らかな日差しが石畳を照らします。子どもたちは進級し、劇場やホールでは新プログラムが始まる、芸術や文化が薫り立つ季節。そんな秋のヴァカンスは、歴史を巡る時間旅行へ誘われます。

フランスの街歩きには、現代都市の喧噪(けんそう)のただなかで、昔からの時がそのまま漂う神秘的な空間に出合う意外性があります。その一方で、中世から密やかに続く小さな村では、今なお人々の生活が営まれている現実を感じるおもしろさもあります。
車が忙(せわ)しく行き交う通りから、ひとたび大聖堂の扉をくぐれば、聖なる空間に満たされている願いや祈り。時間が止まったかのような石畳の路地で感じる、窓越しのネコの視線や、辺りに漂う食事の支度の匂い。今も昔も変わらぬ人々の暮らしを垣間見て、初めて訪れる場所でも、なんだか懐かしい気持ちになります。

夏のヴァカンスが太陽を求める地理的な移動なら、秋はいにしえの記憶をたどる時間的なトリップへ。人々が、切なる願いを秘めて通った巡礼路、使命と野望を胸に旅立った十字軍、大航海時代がもたらした異文化交流…。中世の頃そのままにたたずむ素朴な石造りの路地で、または、王朝華やかなりし時代の瀟洒(しょうしゃ)な城で、過去へ迷い込むのも素敵なヴァカンスの過ごし方。

automne	[オトヌ] (m.)	秋
ville	[ヴィル] (f.)	街、町、都会、都市
vacances d'automne	[ヴァカンス・ドトヌ] (f. pl.)	秋のヴァカンス、秋休み
		(11月1日の万聖節前後の約2週間)
別名：vacances de la Toussaint	[ヴァカンス・ドゥ・ラ・トゥサン] (f. pl.)	万聖節のヴァカンス

le vocabulaire
ヴォキャブラリー

秋
L'Automne

équinoxe d'automne
[エキノクス・ドトヌ] (m.)
秋分

arrière-saison
[アリエール・セゾン] (f.)
晩秋

brume
[ブリュム] (f.)
霧、もや

imperméable
[アンペルメアブル] (m.)
レインコート

parapluie pliant
[パラプリュイ・プリヤン] (m.)
折りたたみ傘

feuilles mortes
[フイユ・モルト] (f. pl.)
枯れ葉

chute des feuilles
[シュット・デ・フイユ] (f.)
落葉（葉が落ちること）

platane
[プラタヌ] (m.)
プラタナス

marronnier
[マロニエ] (m.)
トチの木

tilleul
[ティユル] (m.)
ボダイジュ

lierre
[リエール] (m.)
ツタ

chrysanthème
[クリザンテーム] (m.)
キク

marrons chauds
[マロン・ショー] (m. pl.)
焼き栗

champignons comestibles
[シャンピニョン・コメスティブル] (m. pl.)
食用キノコ

champignons vénéneux
[シャンピニョン・ヴェネヌー] (m. pl.)
毒キノコ

récolte
[レコルト] (f.)
作物の収穫

moisson
[モワソン] (f.)
穀物の収穫

vendange
[ヴァンダンジュ] (f.)
（ワイン用の）葡萄の収穫

vendangeur
[ヴァンダンジュール] (m.)
葡萄を摘む人（男性）

vendangeuse
[ヴァンダンジューズ] (f.)
葡萄を摘む人（女性）

quarante et un

le vocabulaire
ヴォキャブラリー

街
La Ville

rue
[リュ] (f.)
通り、〜街

avenue
[アヴニュー] (f.)
並木道、大通り

boulevard
[ブールヴァール] (m.)
幅の広い大通り、昔の城壁跡にできた環状道路

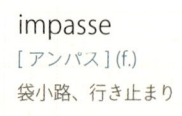

quai
[ケ] (m.)
河岸の通り

impasse
[アンパス] (f.)
袋小路、行き止まり

passage
[パサージュ] (m.)
通路、抜け道、アーケード街

allée
[アレ] (f.)
細い路地、石畳の（車の通らない）狭い道

carrefour
[カルフール] (m.)
四つ辻、十字路、交差点

réverbère
[レヴェルベール] (m.)
街灯

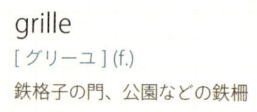

grille
[グリーユ] (f.)
鉄格子の門、公園などの鉄柵

feu vert
[フー・ヴェール] (m.)
青信号 ［直訳：緑の火］

feu orange
[フー・オランジュ] (m.)
黄信号 ［直訳：オレンジの火］

feu rouge
[フー・ルージュ] (m.)
赤信号 ［直訳：赤い火］

entrée libre
[アントレ・リーブル] (f.)
入場無料

entrée interdite
[アントレ・アンテルディット] (f.)
立ち入り禁止

entrée
[アントレ] (f.)
入口

sortie
[ソルティ] (f.)
出口

monument historique
[モニュマン・イストリック] (m.)
歴史的建造物

mime immobile
[ミム・イモビル] (m. f.)
彫像のように動かないマイム

saltimbanque
[サルタンバンク] (m. f.)
大道芸人

quarante-trois 43

les expressions
表現

秋の街角
Promenade d'Automne

地図を片手に、お目当ての美術館や教会へ。通りに貼られているいろいろな言葉が分かれば、街と会話しているようで、足取りも軽くなります。寄り道しても迷子になっても、それはそれで楽しい街歩き。

PENDANTE LES TRAVAUX
L'ÉGLISE St SULPICE
RESTE OUVERTE
ENTRÉE
工事中ですが、サン・シュルピス教会は開いています
入口

À partir de ce point 15mn d'attente jusqu'à l'entrée du musée.
美術館入場までここより15分待ち。

PEINTURE FRAÎCHE
ペンキ塗りたて

TOURNAGE
ロケ中 ［直訳：撮影］

SONNEZ PUIS POUSSEZ
ベルを鳴らしてから押してください

TROUVE CHAT DEMANDER à la DROGUERIE
猫を見つけました、日用雑貨店へお尋ねください

Démonstrations
Dégustations
Vente sur place …
実演、試飲・試食、現地販売…

Piétons Traversée Obligatoire
歩行者は横断のこと

Les Enfants, Touchez avec précaution - Merci -
子どもたち、触るときは気をつけてね

GRATUIT   SERVEZ-VOUS
無料、ご自由にお取りください

quarante-cinq

les textes
文章

パリのモニュメント
Les Monuments de Paris

秋の「ことばのノート」は、エッフェル塔や凱旋門などの、パリのモニュメント（歴史的建造物）。秋のヴァカンスには、万聖節（諸聖人の祝日）のしきたりで、これらのモニュメントにはキクの花が飾られます。

notre-dame

Les Monuments de Paris

La Cathédrale Notre Dame est l'un des monuments les plus anciens de Paris. Elle a aujourd'hui 800 ans. Elle est très grande et elle peut recevoir 9000 personnes. Elle est construite dans l'Île de la Cité, au milieu de la Seine.

Le Palais du Louvre est l'ancien palais des Rois de France. Il est aujourd'hui l'un des plus grands musées du monde.

La Place de la Concorde (paixe) a 250 ans. On y voit une grande flèche de pierre, il s'agit de l'Obélisque, et deux très belles fontaines. De chaque côté de la place, on voit 2 bâtiments qui se ressemblent : l'église de la Madeleine et l'Assemblée Nationale.

L'Arc de Triomphe a presque 200 ans. Il se dresse place de l'Étoile. C'est à l'Arc de Triomphe qu'on célèbre à Paris les fêtes républicaines. On y voit souvent un grand drapeau français.

L'Opéra est un des grands théâtres du monde pour le chant et la danse.

La Tour Eiffel a 200 ans. C'est l'un des monuments les plus connus dans le monde. Elle mesure environ 300 mètres de haut. Elle a été construite par Gustave Eiffel.

Le Sacré-Cœur est une église qui a un peu plus de 100 ans construit sur la colline de Montmartre.

Tous ces monuments font venir à Paris beaucoup d'étrangers qui aiment notre ville.

> **As-tu déjà visité l'Opéra ?**
> [アテュ・デジャ・ヴィジテ・ロペラ？]
> オペラ座に行ったことある？

> **Est-ce que le Palais du Louvre est une église?**
> [エス・ク・ル・パレ・デュ・ルーヴル・エ・ユヌ・エグリーズ？]
> ルーヴル宮殿は教会かな？

Les Monuments de Paris

La Cathédrale Notre Dame est l'un des monuments les plus anciens de Paris. Elle a aujourd'hui 800 ans. Elle est très grande et elle peut recevoir 9000 personnes. Elle est construite dans l'Ile de la Cité, au milieu de la Seine.

Le Palais du Louvre est l'ancien palais des Rois de France. Il est aujourd'hui l'un des plus grands musées du monde.

La Place de la Concorde (paix) a 250 ans. On y voit une grande flèche de pierre, il s'agit de l'Obélisque, et deux très belles fontaines. De chaque côté de la place, on voit 2 bâtiments qui se ressemblent : l'église de la Madeleine et l'Assemblée Nationale.

L'Arc de Triomphe a presque 200 ans. Il se dresse place de l'Etoile. C'est à l'arc de Triomphe qu'on célèbre à Paris les fêtes républicaines. On y voit souvent un grand drapeau français.

L'Opéra est un des grands théâtres du monde pour le chant et la danse.

La Tour Eiffel a 200 ans. C'est l'un des monuments les plus connus dans le monde. Elle mesure environ 300 mètres de haut. Elle a été construite par Gustave Eiffel.

Le Sacré-Cœur est une église qui a un peu plus de 100 ans construit sur la colline de Montmartre.

Tous ces monuments font venir à Paris beaucoup d'étrangers qui aiment notre ville.

パリのモニュメント

ノートルダム大聖堂は、パリで一番古いモニュメントのひとつです。彼女［※ノートルダム大聖堂］は今800歳。彼女はとても大きく、9000人の人が入ることができます。彼女はセーヌ川の真ん中にあるシテ島に建てられています。

ルーヴル宮殿は、フランス王の昔の王宮です。現在は、世界で一番大きな美術館のひとつになっています。

コンコルド（平和）広場は、250歳です。大きな石の尖塔、オベリスクと2つのとても美しい噴水が見えます。広場の両側には、2つの似ている建物が見えます。マドレーヌ寺院と国民議会議事堂です。

凱旋門は、ほぼ200歳。彼［※凱旋門］は、エトワール広場に建っています。パリでの共和国の催しは、凱旋門で行います。大きなフランス国旗が掲げられているのをよく見ます。

オペラ座は、世界で一番大きな、歌とバレエのための劇場のひとつです。

エッフェル塔は200歳です。世界で一番知られているモニュメントのひとつです。彼女［※エッフェル塔］は、約300メートルの高さがあります。彼女はギュスターヴ・エッフェルによって建てられました。

サクレ・クール寺院は、モンマルトルの丘の上に建てられた、100歳より少し上の教会です。

これらのどのモニュメントも、私たちの街を好きなたくさんのパリの外国人が訪れます。

le savoir-faire

ヴァカンスのメモ

カフェで過ごす
Rester au Café

service continu 7j/7j
salle climatisée

終日営業、毎日開店
[直訳：サーヴィス・継続、7日／7日]
レストランなどで、「昼食と夕食の間に閉店せず、土日も開いています」という決まり文句
エアコン完備
従来フランスの夏は涼しかったため、冷房設備はないところが多かったのですが、ここ数年の猛暑に対応して冷房を取り付けた店はそれをアピールするため、この文句が店頭に貼り出されています

Restaurant Salon de thé
"Comme à la Maison"
Un petit coin charmant
tout de suite dans la cour à droite

レストラン　サロン・ド・テ
「家のように」
ちょっと素敵なところ
右の中庭に入ってすぐ

Menu enfant 10 €
Steak haché ou Poulet*
+
Mousse au chocolat
+
Coca-cola ou Limonade
* Frites (jusqu'à 10ans)

お子様セット　10 ユーロ
牛ひき肉のステーキまたはチキン＊
チョコレートムース
コカコーラまたはレモネード
＊ フレンチフライ添え（10 歳まで）

48　quarante-huit

街中でも（主に夏の）ヴァカンス期間中には休業するレストランが多い中、いつでも開いているカフェは心強い味方です。食事はもちろん、飲み物だけでも大丈夫。朝から夜遅くまでノンストップで開いていて、子どもが一緒でも気楽に入れるカフェは、とても頼りになります。

Réveil-Matin 9h-12h
1 Express + 1 Croissant 1,90 €

Pause-Gourmande 15h-19h
1 Crêpe + 1 Boisson Fraiche 3,90 €
1 Crêpe + 1 Boisson Chaude 4,20 €

目覚めの朝 9:00-12:00
エスプレッソ1杯とクロワッサン1つ　1.90 ユーロ

食いしん坊のひと休み 15:00-19:00
クレープ1つと冷たい飲み物1つ 3.90 ユーロ
クレープ1つと温かい飲み物1つ 4.20 ユーロ

昼食は13時、夕食は20時がフランスの食事客のピーク時。子連れの時はこの時間から少しずらして、日本時間（昼食12時、夕食19時）に合わせれば、ゆっくりできる席に通してもらい、落ち着ける確率が高いかもしれません。

子どもも一緒ならば、入口に張り出されているメニューに **menu enfant** ［ムニュ・アンファン］ (m.) **子ども用の定食** があるところがお勧め。**chaise d'enfant** ［シェーズ・ダンファン］ (f.) や **chaise haute** ［シェーズ・オート］ (f.) ［直訳：高いイス］といった **専用のイス** や、お絵かきセットなどが準備されていることも。

les spécialités

ヴァカンスの恵み

ジビエとキノコ
Les Gibiers et les Champignons

gibier
[ジビエ] (m.)
（猟による食用の）獲物

- **colvert**
  [コルヴェール] (m.)
  マガモ

- **canard**
  [カナール] (m.)
  アヒル

- **perdreau**
  [ペルドゥロ] (m.)
  ヤマウズラ

- **faisan**
  [フザン] (m.)
  キジ

- **lièvre**
  [リエーブル] (m.)
  野ウサギ

- **chevreuil**
  [シュヴルイユ] (m.)
  ノロシカ

50　cinquante

フランスの秋の味覚、代表格はジビエとキノコ。ジビエとは、狩猟で捕獲された野生の鳥や獣のこと。野生の動物は冬に備えて栄養を蓄えるので、秋がジビエの旬となります。森の奥深く、この動物たちの足下に顔を出していたキノコを付け合わせやソースにして、秋の森をいただく一皿のできあがり。

champignon
[シャンピニョン] (m.)
キノコ

cèpe
[セップ] (m.)
ポルチーニ [イタリア語]、ヤマドリタケ

le roi des champignons　[ル・ロワ・デ・シャンピニョン] (m.) キノコの王様　といわれています。

girolle
[ジロル] (f.)
アンズタケ

morille
[モリーユ] (f.)
アミガサタケ

とあるレストランで「シェフのおすすめ」のジビエのタルトを食べていたら、お口のなかにカツンと当たるものが。小石かな？　と思って取り出すとそれは小さな銀色の玉。サーヴする人がすかさず説明してくれました。「お客様、当たりましたね！　それは、鉄砲の弾です。本当に狩猟でしとめた獲物だという証ですよ」。聞いてよかったのか、聞かなければよかったのか…。おいしいだけに複雑な気持ちになりました。

souvenir de vacances

ヴァカンスの思い出

美術館のアトリエ
Les Ateliers des Musées

VISITES CONFÉRENCES / VISITES CONTÉES-CROQUÉES

Voyage à travers les régions de France
Exploration du patrimoine et des charmes des régions : gastronomie, paysage pittoresque, histoire… Voyage dans les richesses culturelles de nos contrées dans toute leur diversité.
Niveau : du lycée à l'enseignement supérieur

ARCHITECTURE MODERNE ET CONTEMPORAINE

Découverte de l'architecture moderne et contemporaine
Découverte des grandes évolutions de l'architecture du milieu du XIXe siècle à nos jours. La présentation thématique de l'architecture moderne et contemporaine permet d'aborder de nombreuses notions : aussi bien les techniques de construction que l'évolution de la société.
Niveau : du collège à l'enseignement supérieur

Sur les traces des Expositions Universelles
De la maquette du Crystal Palace de Londres daté de 1851 aux projets les plus fous de la fin du XXe siècle, en passant par le palais du Trocadéro devenu le palais de Chaillot, cette visite propose de découvrir comment les Expositions Universelles ont été moteurs et vitrines des évolutions de l'architecture.
Niveau : du collège à l'enseignement supérieur

Habitons ensemble !
Un logement pour tous
Depuis Sauvage et Le Corbusier, ces pionniers de l'habitat moderne, le logement social reste un des laboratoires privilégiés de l'architecture. En ce début de XXIe siècle, alors que la réalisation de logements est de première urgence, cette visite retrace l'histoire récente de l'habitat social et interroge les pratiques contemporaines.
Niveau : du collège au lycée

Dessin d'atelier © Cape

Lundi, mercredi, jeudi, vendredi, de 9 h à 17 h.

VISITES CONTÉES-CROQUÉES
Une manière originale d'appréhender l'architecture, la sculpture et la peinture monumentale pour les tout-petits. Les visites contées-croquées emmènent les enfants dans un monde imaginaire où les bâtiments et leurs décors dévoilent leur histoire cachée : révélation sur le mode de construction, secret de fabrication de matériaux, récits d'étonnantes créatures sculptées ou peintes… Croquis, puzzles et autres jeux ponctuent les parcours.
Sur réservation - durée 1h30
Tarif forfaitaire pour un groupe : 95 €

Si l'architecture m'était contée
Il était une fois un château, une maison ou un immeuble… Chaque bâtiment nous révèle des secrets sur sa construction, ses matériaux, sa fonction ou bien sa forme. Ces petites histoires d'architecture sont l'occasion d'évoquer un vocabulaire précis lié au bâtiment, à la construction et à son décor.
Niveau : de la moyenne section de maternelle au CE2

VISITES CONTÉES-CROQUÉES / ATELIERS

Puzzle dans les galeries © ck

Histoires extraordinaires d'animaux
Rencontre avec griffons, dragons et autres créatures fantastiques. Les enfants écoutent les histoires merveilleuses des animaux peuplant les sculptures et les peintures murales médiévales. Un petit carnet permet de constituer un bestiaire, souvenir des animaux observés ou imaginés.
Niveau : de la moyenne section de maternelle au CE2

Il était une fois les châteaux forts…
Enquête sur les chevaliers et les châteaux forts au Moyen Âge. Qu'est-ce qu'un chevalier et comment le devient-on ? Quels sont les attributs qui le distinguent ? Quelles sont les particularités du château fort et de son système défensif ? Au travers de récits et de légendes, les enfants se familiarisent avec l'univers chevaleresque.
Niveau : de la moyenne section de maternelle au CE2

Cité / Une cathédrale gothique © ck

Lundi, mercredi, jeudi, vendredi, de 9 h à 17 h.

ATELIERS
Les thématiques développées dans les ateliers permettent d'expérimenter les différentes pratiques artistiques, les techniques de construction ou encore la réalisation de projets architecturaux à l'aide d'outils multimédia. Chaque atelier est précédé d'une visite des collections liée au thème développé. Les ateliers se déroulent dans trois espaces : la manufacture, le chantier, le studio numérique. Le déroulé des ateliers et les techniques sont adaptés à chaque niveau.
Sur réservation - durée 2h.
Tarif forfaitaire pour un groupe : 95 €
Attention : Il n'est pas possible d'accueillir deux classes dans le même espace en même temps

INTRODUCTIONS À L'ARCHITECTURE

Comment ça tient ?
Espace chantier
Découverte des trois grands modes constructifs : maçonnerie, ossature/remplissage et structure tendue. Après une visite du musée permettant de les reconnaître, les plus petits expérimentent la technique de la maçonnerie par empilement en réalisant une maquette puis une cabane à leur échelle. Les plus grands travaillent en maquette en exploitant différents modes constructifs.
Niveau : de la grande section de maternelle à la 5^e

---

52 cinquante-deux

パリでは様々な美術館や博物館で、興味や年齢に応じたアトリエが年間を通して開催されています。子どもだけで参加する古代エジプトの冒険、親子で参加する彫刻のデッサン、大人だけで回るモードの歴史…。ヴァカンスの間は子どもたちのために毎日のように開催されますが、のんびりしていると予約がすぐ埋まってしまうほどの人気です。どれにしようと迷った中から、中世の世界を訪れるアトリエに参加してみました。

Il était une fois les châteaux forts...

Enquête sur les chevaliers et les châteaux forts au Moyen Âge. Qu'est-ce qu'un chevalier et comment le devient-on ? Quels sont les attributs qui le distinguent ? Quelles sont les particularités du château fort et de son système défensif ? Au travers de récits et de légendes, les enfants se familiarisent avec l'univers chevaleresque.
Niveau : de la moyenne section de maternelle au CE2

むかしむかしあるところに、お城がありました…

中世の騎士と城砦を調べてみましょう。騎士とはどんな人で、どうしたら騎士になれるのでしょう？騎士と他の人を見分ける特徴は何でしょう？城砦の特徴と防衛のシステムは何なのでしょう？物語や伝説を聞きながら、子どもたちは騎士道の世界に親しみます。
レヴェル：幼稚園年中組から小学3年生まで

visite jeune public
[ヴィジット・ジュヌ・ピュブリック] (f.)
見学、子ども観覧者

アトリエで美術館の中に入るときの身分証

en France
フランスで過ごすなら

モン・サン・ミッシェルへの巡礼
Pèlerinage au Mont Saint-Michel

ユネスコに登録されているフランスの世界遺産は30か所以上です。なかでも多いのは、文化遺産。人々に見捨てられていた沼地に、1人の人間の野望で出現した小都市ヴェルサイユ、波打つ麦畑の海の中に、幾度の災難を乗り越えその姿をとどめるシャルトル大聖堂…。魅力的な遺産はあまたありますが、ヴァカンス中にパリから足を延ばすのであれば、はるか昔の巡礼路を辿り、海に浮かぶ小島にたたずむ修道院、モン・サン・ミッシェルへ。

世界遺産に登録されている正式名称は、**Mont Saint-Michel et sa baie** [モン・サン・ミッシェル・エ・サ・ベ] (m.) **モン・サン・ミッシェルとその湾**。

スペインの巡礼地へと続く、**Chemins de Saint-Jacques-de-Compostelle en France** [シュマン・ドゥ・サンジャック・ドゥ・コンポステル・アン・フランス] (m. pl.) **フランスのサンティアゴ・デ・コンポステーラの巡礼路** としても登録されています。

marée basse [マレ・バス] (f.) **干潮** と **marée haute** [マレ・オート] (f.) **満潮** の潮位の差が激しい海と潮風の中、孤高にそびえるモン・サン・ミッシェルは «**Merveille de l'occident**» [メルヴェイユ・ドゥ・ロクシダン] (f.) 「**西洋の驚異**」といわれています。

名物は、お母さんの味の **omelette** [オムレット] (f.) **オムレツ** や **galette** [ガレット] (f.) **バタークッキー**。

モン・サン・ミッシェルの湾には、**AOC**（= **Appellation d'Origine Contrôlée** 原産地統制呼称）が３つも登録されているので、お好きな方はぜひ。

  Agneaux des Prés-salés de la baie du Mont Saint-Michel [アニョ・ドゥ・プレ・サレ] (m. pl.)
    モン・サン・ミッシェル湾の海辺の塩分を含んだ牧草地の子羊

  Belons en baie du Mont Saint-Michel [ブロン・アン・ベ・デュ・モン・サン・ミッシェル] (m. pl.)
    モン・サン・ミッシェル湾の平たい牡蠣

  Moules de bouchot en baie du Mont Saint-Michel
  [ムール・ドゥ・ブショ・アン・ベ・デュ・モン・サン・ミッシェル] (f. pl.)
    モン・サン・ミッシェル湾のムール貝

à Paris
パリで過ごすなら

セーヌ川の水上散歩
Croisière sur la Seine

セーヌ河岸のイエナ橋からシュリュー橋までの歴史的建造物が、Paris, rives de la Seine [パリ・リーヴ・ドゥ・ラ・セーヌ] パリのセーヌ河岸 として、ユネスコの文化遺産に登録されています。batobus [バトビュス] (m.) は bateau [バトー] (m.) 船 と bus [ビュス] (m.) バス を合わせた造語で、食事、観光案内のアナウンス、ライトアップなどのない乗り降り自由の船。これに乗って、セーヌ川の水上散歩に出かけましょう。

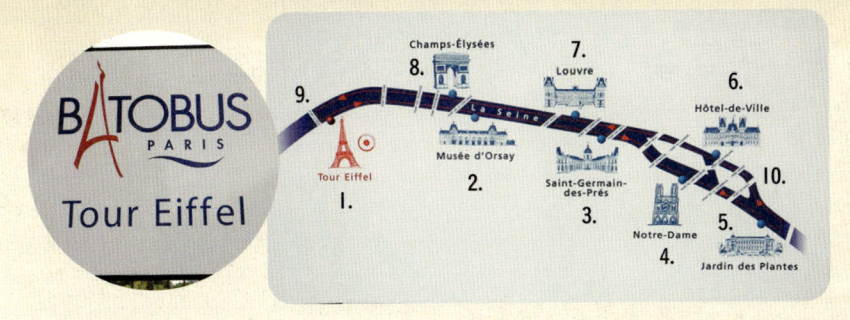

1. **Vous êtes ici** [ヴゼット・イシ] 現在地 [直訳：あなたはここです]

   Tour Eiffel [トゥール・エッフェル] (f.) エッフェル塔
   エッフェル塔のニックネームは《 la grande demoiselle 》[ラ・グランド・ドモワゼル] (f.)「大きなマドモワゼル」

2. **Musée d'Orsay** [ミュゼ・ドルセー] (m.) オルセー美術館
   impressionnisme [アンプレッショニズム] (m.) 印象派 の絵画はここで

3. **Saint-Germain-des-Prés** [サン・ジェルマン・デ・プレ] (m.) サン・ジェルマン・デ・プレ
   地図上のイラストは **Institut de France** [アンスティテュ・ドゥ・フランス] (m.) フランス学士院（アカデミー）。ルーヴル美術館と **Pont des Arts** [ポン・デザール] (m.) ポン・デザール（芸術橋）でつながっています。

4. **Notre-Dame** [ノートルダム] (f.) ノートルダム大聖堂
   セーヌ川の中州、**île de la Cité** [イル・ドゥ・ラ・シテ] (f.) シテ島 にあります。

5. **Jardin des Plantes** [ジャルダン・デ・プラント] (m.) パリ植物園
   地図上のイラストは **Muséum national d'histoire naturelle** [ミュゼオム・ナシオナル・ディストワール・ナテュレル] (m.) 国立自然史博物館

6. **Hôtel-de-Ville** [ホテル・ドゥ・ヴィル] (m.) パリ市庁舎

7. **Louvre** [ルーヴル] (m.) ルーヴル美術館
   「モナ・リザ」はフランスでは《 La Joconde 》[ラ・ジョコンド] (f.)「ジョコンド婦人」

8. **Champs-Élysées** [シャンゼリゼ] (m. pl.) シャンゼリゼ大通り
   地図上のイラストは **L'Arc de Triomphe** [ラルク・ドゥ・トリオンフ] (m.) 凱旋門

9. **Pont d'Iéna** [ポン・ディエナ] (m.) イエナ橋

10. **Pont de Sully** [ポン・ドゥ・シュリー] (m.) シュリー橋

cinquante-sept 57

message from PARIS

ノエルのヴァカンス

~ア・ラ・メゾン~
家で

Vacances de Noël à la Maison

chaussette

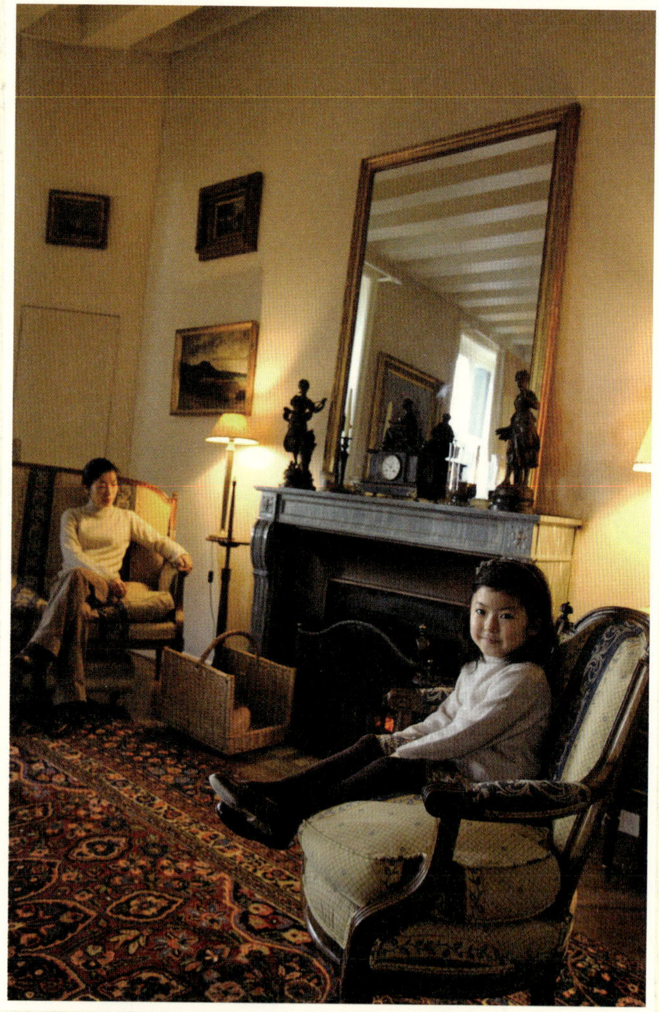

秋のヴァカンスが終わったら、暗くて長くて寒い、ヨーロッパの冬が本格的に始まります。そんな冬を毎年乗り越えられるのは、ノエルがあるから。長い夜に彩りを添えるまばゆいイルミネーション、一斉に並ぶきらびやかなごちそう。ノエルは、鈴の音のように人々の心を躍らせます。

昔からイヴの夜は、恋人や友達とパーティーをするよりも、家族で集う日。しかし、現代のフランスの家族の姿は、複雑で多様になってきていることも事実です。ノエルに限らず、子どもたちの学校がお休みの間「子どもをどうするか」は、親にとって最大の課題。仕事があろうが離婚していようが、ヴァカンスのたびに親はこの問題から逃れることはできません。「最初の1週間は母方の祖父母の家へ、後の1週間は父と父の前妻とその子たちと別荘へ」などなど、いろいろなパターンの過ごし方を聞くにつれ、ヴァカンスによって、家族が繋がっているようにさえ思います。

聖なる夜、それぞれの忙しさを抱えて街に溢れていた人々は、足早にまたそれぞれの家族のもとへと向かいます。1年に1度、みんな揃ってノエルのテーブルを囲むために。すべての年の瀬の忙しさは、家族で過ごす穏やかなこのひとときのための、狂想曲にして前奏曲。ノエルのヴァカンスは、複雑な家族の糸をほぐして、その絆を維持し続ける役割をも、担っているのかもしれません。

Noël	[ノエル] (m.)	クリスマス、降誕祭
maison	[メゾン] (f.)	家
vacances de Noël	[ヴァカンス・ドゥ・ノエル] (f. pl.)	ノエルのヴァカンス、クリスマス休み（12月25日の降誕祭前後の約2週間）

日本では冬休みの時期にあたりますが、フランス語で「冬休み」に相当する **vacances d'hiver** [ヴァカンス・ディヴェール] というと、2月のヴァカンス（p.83）のことになります。

le vocabulaire
ヴォキャブラリー

ノエル
Noël

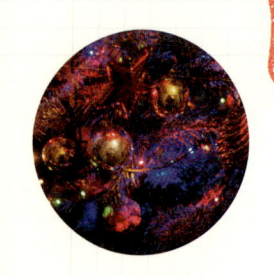

couronne de Noël
[クーロンヌ・ドゥ・ノエル] (f.)
クリスマスリース

sapin de Noël
[サパン・ドゥ・ノエル] (m.)
クリスマスツリー

houx
[ウー] (m.)
ヒイラギ

gui
[ギ] (m.)
ヤドリギ

pomme de pin
[ポム・ドゥ・パン] (f.)
松かさ、松ぼっくり

sapin givré
[サパン・ジヴレ] (m.)
霧氷つきモミの木

bouleau
[ブロ] (m.)
シラカバ

vitrine de Noël
[ヴィトリヌ・ドゥ・ノエル] (f.)
クリスマスのショーウィンドウ

chaussette de Noël
[ショセット・ドゥ・ノエル] (f.)
（プレゼントを入れるための）クリスマスの靴下

catalogue de jouets
[カタログ・ドゥ・ジュエ] (m.)
クリスマスプレゼント用のおもちゃのカタログ

lettre au Père Noël
[レットル・オ・ペール・ノエル] (f.)
サンタクロースへの手紙

cheminée
[シュミネ] (f)
暖炉、煙突

bûche
[ビュッシュ] (f.)
薪

canapé
[カナペ] (m.)
ソファ、長椅子

fauteuil
[フォトゥイユ] (m.)
肘掛け椅子

grand-père
[グランペール] (m.)
祖父

呼び方は、pépé [ペペ]、papie [パピー] など

grand-mère
[グランメール] (f.)
祖母

呼び方は、mémé [メメ]、mamie [マミー] など。
地方名で呼ぶこともあります。たとえば…
mamie de Nice [マミー・ドゥ・ニース]
　　　　　　　　　ニースのおばあちゃん

veille de Noël
[ヴェイユ・ドゥ・ノエル] (f.)
クリスマスイヴ

veille du jour de l'an
[ヴェイユ・デュ・ジュール・ドゥ・ラン] (f.)
大晦日

nouvelle année
[ヌーヴェル・アネ] (f.)
新年

les expressions

表現

ノエルの前に
Avant Noël

立ち並ぶクリスマスマーケットでのショッピング、親しい人たちの顔を思い浮かべながらのプレゼント選び、パーティの食材の品定め…。街は買い物客で溢れます。

TARIF LIVRAISON
SAPIN MOINS DE 2.20M = 15 €
2.20M à 3.00 = 25 € + 5 € SAPIN PAR SUPPLÉMENTAIRE
3.00m À 4.50m = 35 € + 10 € PAR SAPIN SUPPLÉMENTAIRE

配達料金
モミの木　2.20m 以下は 15 ユーロ
2.20m から 3.00m は 25 ユーロ　1本追加につき 5 ユーロ
3.00m から 4.50m は 35 ユーロ　1本追加につき 10 ユーロ

VENDU

売約済み

POINT RECYCLAGE DE SAPINS
Déposez ici votre SAPIN DE NOËL en vue de son RECYCLAGE

モミの木リサイクル場所
リサイクルのためクリスマスのモミの木をここに置いてください

Les Marrons Glacés sont arrivés !

マロングラッセ入荷しました！

Le Foie Gras des Chefs Étoilés

星つきシェフたちのフォアグラ

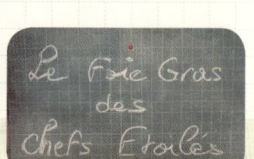

Chers clients,
Pour votre fête de Noël, pensez à faire vos commandes à l'avance.
La boulangerie sera fermée du
samedi 25 décembre 2010 au samedi 1er janvier inclus
Ré-ouverture : Dimanche 2 janvier 2011 à 8h.

親愛なるお客さま、
クリスマスパーティには、早めのご注文をお考え下さい。
当パン屋は2010年12月25日土曜日から1月1日土曜日（含む）まで閉店いたします。
次の開店：2011年1月2日日曜日8時から。

FÊTES DE NOËL
Nos bûches de noël artisanal* sur commandes
5 parfums :
 - Rêve de vienne
 - Marron whiskies
 - Douceur des îles
 - Les traditionnelles café ou chocolat
　　　＊文法的に正しい表記は artisanales

クリスマスパーティ
当店の職人によるブッシュ・ド・ノエルのオーダー
5つのフレーバー：
 -ウィーンの夢
 -マロン・ウィスキー
 -島の喜び
 -伝統のコーヒーまたはチョコレート

Le Pain de Noël : seigle, viennois, figues,
écorces d'orange et noisettes grillées
クリスマスのパン：ライ麦、ウィーン風、イチジク、オレンジの皮、煎ったヘーゼルナッツ

EXEMPLE : COFFRET "PRINCESSE"OU "CHEVALIER" !
（クリスマスプレゼントの）例：「おひめさま」または「騎士」のセット！

les expressions
表現

ノエルの日に
C'est Noël

日が暮れるころ、人々は家路に向かい、店は明かりを消し、夜には通りを行く車も少なくなります。それまでの混雑が嘘のような、文字通りのサイレントナイト。静かな聖なる夜を迎えます。

LA BOUTIQUE sera Fermée du 24 décembre au 27 décembre Inclus
et du 31 décembre au 3 Janvier Inclus
Bonnes Fêtes à Tous
当店は12月24日から12月27日（含む）までと12月31日から1月3日（含む）までお休みです
みなさんよい祝日をお過ごし下さい

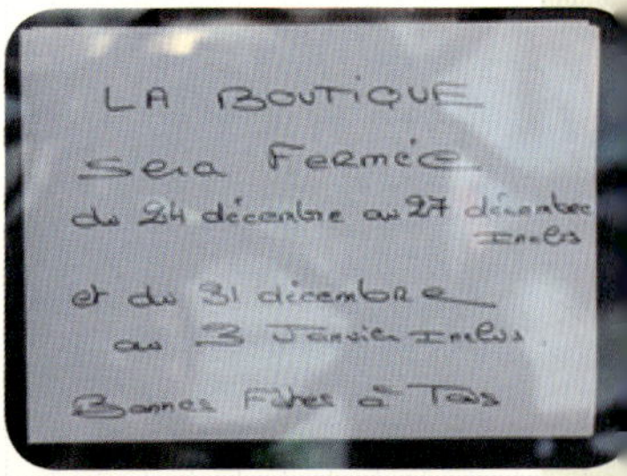

Joyeux Noël
Ouverture : 7h000
Fermeture : 14h00
メリークリスマス　開店7時　閉店14時

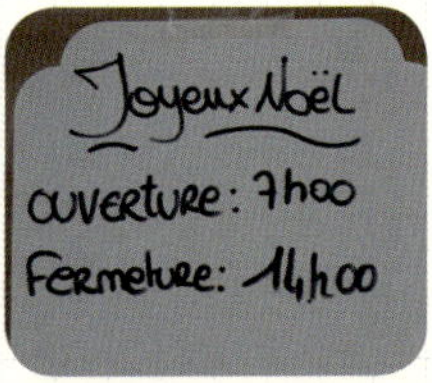

FERMÉ 24 et 25　Bon Noël
閉店　24、25日　よいクリスマスを

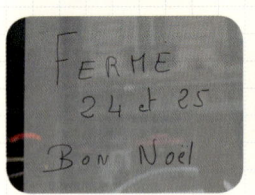

FERMÉ
閉店

le Vendredi 24 Décembre la boutique Fermera ses portes à 17h00 .
Bonne Fête.
　　　　　　　　　　　la direction
12月24日金曜日、当店は17時にドアを閉めます。
よい祝日を。
　　　　　　　　　店長

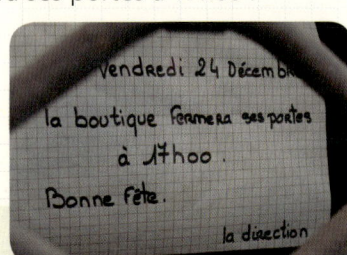

Chers clients !
Le vendredi 24 déc, le magasin sera fermé à partir de 16h30 et le samedi 25 déc, le magasin sera fermé toute la journée.
Merci de votre compréhension !

親愛なるお客様！
12月24日金曜日、当店は16時30分に閉店し、25日土曜日は終日閉店します。
みなさまのご理解をお願いいたします！

Chers clients !
Le vendredi 31 déc, le magasin sera fermé à partir de 16h30 et le 1 jan au 05 jan 2011 (inclus), le magasin sera fermé pour faire les inventaires.
Merci de votre compréhension !

親愛なるお客様！
12月31日金曜日、当店は16時30分に閉店し、2011年1月1日から5日（含む）まで棚卸しのため閉店します。
みなさまのご理解をお願いいたします！

Fermeture exceptionnelle à 17h00   Merci
17時より臨時休業

Mesdames et messieurs :
Le restaurant sera fermé du 24 au 25 décembre 2010.
Merci de votre compréhension.

紳士淑女のみなさま：
当レストランは2010年12月24日から25日まで閉店します。
みなさまのご理解をお願いいたします。

Le vendredi 24 décembre votre agence fermera à 16h30
12月24日金曜日、当営業所は16時30分に閉店します

soixante-sept **67**

les textes
文章

お祝いとそのゆかりのケーキ
Les Fêtes et Leurs Gâteaux

bûche de noël
Noël

Les fêtes et leurs gâteaux

Dans l'année nous célébrons de grandes fêtes, chacune a son gâteau spécifique.

1 - A Noël, en décembre, les pâtissiers, les boulangers et les mamans confectionnent la bûche de Noël. C'est un gâteau roulé garni de crème de différents parfums (chocolat, vanille, marron...) Ce gâteau prend la forme d'une bûche, d'un morceau de bois avec lequel on fait du feu dans la cheminée.

2 - L'Épiphanie en janvier, c'est la fête des 3 rois-mages : Gaspard, Melchior et Balthazar. Le gâteau de la fête des Rois est la "galette" fourrée d'une crème à l'amande dans laquelle on trouve une petite figurine en porcelaine : La Fève. "Tirer les Rois" c'est partager la galette. Celui qui a la fève devient le roi et gagne le droit de p[...]

3 - A la Chandeleur, 40 jours ap[rès ...] lumière. Pour célébrer [...] des cierges ou des chandelles [...] au mardi-gras et à la mi-[...]

4 - La fête de Pâques entre le [...] 2007). A cette occasion on rac[...] s'envolent pour aller à Rome [...] elles apportent des œufs pour [...] On fabrique aussi dans certain[es ...] de sucre glace : La Mouna.

5 - La fête de la Pentecôte arrive 50 jours après Pâques (penta = 5) au mois de Juin. Pour cette fête, on fabrique une délicieuse brioche très légère en forme de Colombe.

6 - Autrefois, il y avait la fête des Moissons durant l'été. Lorsque les paysans récoltaient le blé, les paysannes apportaient dans les champs des grandes corbeilles contenant des beignets frits d[ans] l'huile : les merveilles ou les bugnes.

7 - Enfin, à la fin du repas de mariage, on apporte le gâteau de la mariée : la pièce montée. Elle est faite de petits choux sucrés, collés les uns aux autres par du caramel pour former une espèce de tour[...] Le marié doit en principe entamer le gâteau.

Voilà les principaux gâteaux de fête. Mais si dans ton pays ou dans ta région tu en connais un autre, apporte-nous son [...]

soixante-huit

ノエルにブッシュ・ド・ノエルが欠かせないように、祝日にはそれぞれ、お決まりの祝い菓子があります。ノエルのヴァカンスの「ことばのノート」は、祝日ゆかりのケーキやお菓子で巡る、1年間の「甘い」暦です。

Bon appétit.
[ボナペティ]
どうぞ召し上がれ、いただきましょう、いただきます

Ça sent bon !
[サ・ソン・ボン！]
いいにおい！

Les fêtes et leurs gâteaux

Dans l'année nous célébrons de grandes fêtes, chacune d'elles a son gâteau spécifique.

1_ À Noël, en décembre, les pâtissiers, les boulangers et les mamans confectionnent la bûche de Noël. C'est un gâteau roulé garni de crème de différents parfums (chocolat, vanille, marron...). Ce gâteau prend la forme d'une bûche, d'un morceau de bois avec lequel on fait du feu dans la cheminée.

2_ L'Epiphanie en janvier, c'est la fête des 3 rois-mages : Gaspard, Melchior et Balthazar. Le gâteau de la fête des Rois est la « galette » fourrée d'une crème à l'amande dans laquelle en trouve une petite figurine en porcelaine : La Fève.
« Tirer les Rois » c'est partager la galette. Celui qui a la fève devient le loi et gagne le droit de porter une couronne et de désigner sa reine.

......

7_ Enfin, à la fin du repas de mariage, on apporte le gâteau de la mariée : la pièce montée. Elle est faite de petits choux sucrés, collés les uns aux autres par du caramel pour former une espèce de tour. Le marié doit en principe entamer le gâteau.

Voilà les principaux gâteaux de fête. Mais si dans ton pays ou dans ta région tu en connais un autre, apporte-nous son nom, nous en parlerons en classe.

お祝いとそのゆかりのケーキ

1年の間に、私たちはいくつか大きなお祝いをしますが、それぞれのお祝いにはそれ特有のケーキがあります。

1- クリスマス、12月に、ケーキ屋さん、パン屋さん、お母さんたちはブッシュ・ド・ノエルを作ります。これは、いろいろなフレーバー（チョコレート、バニラ、マロン…）のクリームが詰まったロールケーキです。このケーキの形は、暖炉の火にくべる木片の、薪（ビュッシュ）の形をしています。

2- 公現祭は1月、3人の王：カスパール、メルキオール、バルタザールのお祝いです。この王のお祝いのケーキは「ガレット」で、アーモンドクリームが中に入っていて、小さな陶器のかけら：フェーヴを中から見つけます。
「王様を引く」は、ガレットを分けること。フェーヴがあった人は王様になって冠をかぶることができ、自分の王妃を選ぶことができます。

<中略>

7- 最後に、結婚式の食事の最後に、花嫁が持ってくるピエスモンテというケーキがあります。甘い小さなシューを、ひとつずつキャラメルでつけて、塔のような形にしたものです。花婿が最初に食べるということになっています。

さあ、これが主なお祝いのケーキです。でも、あなたの国や地域に他のもあるでしょうから、名前を教えてくださいね。クラスで、みんなでそのケーキについてお話しましょう。

le savoir-faire

ヴァカンスのメモ

クリスマスショッピング
Les Achats de Noël

---

rmn

```
       LES BOUTIQUES DU MUSEE DU LOUVRE
        75001 PARIS - Tél : 01 40 20 53 53
      Tous les jours 9h30-19h00 et jusqu'à 21h45
       les Mercredi et Vendredi - fermé le Mardi

                  TICKET / FACTURE
      ------------------------------------------
      9782711832682 (1) ROIS ET EMPEREURS AU LOU
          7.62 * 1                          7.62
      845           (2) POSTER PARIS MONUME
          7.00 * 1                          7.00
      ------------------------------------------
       TOTAL  (EUR)                        14.62

      CAB CARTE BANCAIRE                14.62 EUR

      TVA(1) 5.50%                        0.40 EUR
      TVA(2) 19.60%                       1.15 EUR
      TOTAL H.T.                         13.08 EUR

      Servi par 516        Nbre Articles : 2
      Réf.003-5-21457 VPM 516
                          08-10-2010   11:55:43

              A003-0-10204391
      ‖‖‖‖‖‖‖‖‖‖‖‖‖‖‖‖‖‖‖‖‖‖‖‖‖‖‖‖‖‖‖

            Echanges sous 30 jours,
         sur présentation du ticket de caisse,
         sauf promotions ni reprises ni échangées.
            Merci de votre visite, à bientôt.
```

---

rmn

```
             ルーヴル美術館ショップ
         パリ 75001 電話番号：01 40 20 53 53

       毎日 9:30-19:00、水曜日と金曜日は 21:45 まで
                 火曜日は休み

                 チケット／計算書
      ------------------------------------------
      (1)『ルーヴルの王と皇帝』※
          7.62*1                            7.62
      (2) パリのモニュメントのポスター ※
          7.00*1                            7.00
      ------------------------------------------
       合計（ユーロ）                      14.62

      キャッシュカード                  14.62 ユーロ

      付加価値税（消費税）[1] 5.50%        0.40 ユーロ
      付加価値税（消費税）[2] 19.60%       1.15 ユーロ
      消費税抜きでの合計金額              13.08 ユーロ

                               商品数：2

              A003-0-10204391
      ‖‖‖‖‖‖‖‖‖‖‖‖‖‖‖‖‖‖‖‖‖‖‖‖‖‖‖‖‖‖‖

           交換は 30 日以内に、
          レシートを提示の上お願いします。
        返品も交換もできないセール品以外に限ります。
         ご来店ありがとうございます、またのお越しを。
```

※フランス語の商品名は、最後まで印字されていません。
(1) の末尾は LOUVRE
(2) の末尾は MONUMENTS

70 soixante-dix

ノエルの時期は、贈り物を選ぶ人々でデパートやブティックは大混雑。1年に1度、子どもへだけではなく、お世話になった人や親戚へプレゼントを送る習慣があるためです。贈り物の買い物客が多いため、包装用の特設コーナーも設置されます。係の店員さんの順番を待ち、レジでは列に並び、今度は商品とレシートを持って包装用の特設コーナーへ並ぶ…。師走の忙しさの中、気をなが～く持つのが、サンタクロースのお手伝いをする心得のようです。

税に関する略語

TVA［テー・ヴェ・アー］= Taxe sur la Valeur Ajoutée［タクス・スュール・ラ・ヴァルール・アジュテ］(f.)　付加価値税（消費税）
標準税率は 19.6%、本、食品、外食などは 5.5%（2010 年現在）

TOTAL H.T.［トタル・アッシュ・テ］= Total Hors Taxe［トタル・オール・タクセ］(m.)
消費税抜きでの合計金額

TTC［テー・テー・セー］= Toutes taxes comprises［トゥト・タクス・コンプリーズ］
税込み

HT［アッシュ・テー］= Hors Taxe［オール・タクス］税抜き

支払いは **caisse**［ケス］(f.) **レジ** で、支払い後の問い合わせなどは **SVA**［エス・ヴェ・アー］= **service après vente**［セルヴィス・アプレ・ヴァント］(m.) **アフターサービス** のコーナーで。

soixante et onze

les spécialités

ヴァカンスの恵み

聖なる晩餐
Réveillon de Noël

réveillon de Noël　[レヴェイヨン・ドゥ・ノエル] (m.)
クリスマスイヴのパーティ のメニュー

apéritif　[アペリティフ] (m.)　アペリティフ、食前酒
略して apéro [アペロ] とも。
　champagne　[シャンパーニュ] (m.)　シャンパン

entrée　[アントレ] (f.)　前菜
ノエルの前菜の主役は牡蠣。ノエルの時期は街中に牡蠣売りのスタンドが現れます。
　huître　[ユイトル] (f.)　牡蠣
　foie gras　[フォアグラ] (m.)　フォアグラ
　　　トーストした pain de mie [パン・ドゥ・ミー] (m.) 食パン と一緒に
　caviar　[キャヴィアール] (m.)　キャビア
　　　blini [ブリニ] (m.) ロシアの甘くない小さなパンケーキ と一緒に

plat　[プラ] (m.)　主菜
主菜は七面鳥や鶏の丸焼き。家禽類が太陽の守り神で、クリスマスはもともと冬至に太陽の復活を願うお祭りだったからだとか。切り分けるのはその家のご主人の役目で、命をまるごといただきます。
　dinde　[ダンド] (f.)　七面鳥
　chapon　[シャポン] (m)　去勢した雄鶏
　　中に、châtaigne [シャテーニュ] (f.) 栗 や野菜を詰めてじっくりローストします。

フランスのノエルのイルミネーションは、日本やアメリカに比べれば質素で地味。ヨーロッパでも、北欧やお隣のドイツに比べると、デコレーションへの関心はあまり高くありません。その分、フランス人の頭の中を占めているのは、ごちそう！ 家族が揃ってごちそうを食べることが、すなわちノエルなのです。毎年ほぼ同じものなのに、何よりの関心を集めているのは、年末の熱気に満ちたマルシェに行けば一目瞭然。おいしい食事と家族の笑顔、それが何よりのペール・ノエルからの贈り物かもしれません。

fromage ［フロマージュ］(m.) チーズ（数種類の盛り合わせ）
 ぴったりのワインとともに。

dessert ［デセール］(m.) デザート
 bûche de Noël ［ビュッシュ・ドゥ・ノエル］(f.) ブッシュ・ド・ノエル
  暖炉にくべる薪の形をしたノエルのケーキ

boisson ［ボワソン］(f.) 飲み物
 café ［カフェ］(m.) コーヒー
 thé ［テ］(m.) 紅茶

mignardise ［ミニャルディズ］(f.) 食後の飲み物と一緒に出される小さな菓子類
 chocolat ［ショコラ］(m.) チョコレート
 petit four ［プティ・フール］(m.) 小さな焼き菓子
 confiserie ［コンフィズリ］(f.) 果物の砂糖漬け、砂糖菓子

飲んで食べて…のノエルが終わっても、食いしん坊たちにはまだ最後の楽しみが残っています。1月の **Épiphanie**［エピファニ］(f.) **公現祭** に食べる、**galette des rois**［ガレット・デ・ロワ］(f.) **王様のガレット**（p.69）。これを食べてやっとノエルの季節が終わります。年末年始の最後の節目、日本の七草粥、鏡開きのようなものでしょうか。日本は胃に優しい食べ物なのに、バターたっぷりのパイ生地とアーモンドクリームのガレット…。とどめを刺されるようです。

souvenir de vacances
ヴァカンスの思い出

クリスマスソング
Chant de Noël

Mon beau sapin　私の素敵なモミの木

モン　ボー　サパン

Mon beau sapin, roi des forêts　　私の素敵なモミの木　森の王さま
モン　ボー　サパン　ロワ　デ　フォレ

Que j'aime ta verdure　　あなたの緑はなんて素敵
ク ジェム　タ　ヴェルデュール

Mon beau sapin, roi des forêts　　私の素敵なモミの木　森の王さま
モン　ボー　サパン　ロワ　デ　フォレ

Que j'aime ta verdure　　あなたの緑はなんて素敵
ク ジェム　タ　ヴェルデュール

Quand par l'hiver, bois et guérets　　冬の間、木や畑が
カン　パル　リヴェール　ボワ　エ　ジェレ

Sont dépouillés de leurs attraits　　葉を落としてすっかり寂しいとき
ソン　デプイエ　ドゥ　ルール　アトレ

Mon beau sapin, roi des forêts　　私の素敵なモミの木　森の王さま
モン　ボー　サパン　ロワ　デ　フォレ

Tu gardes ta parure　　あなたは緑の宝石を身にまとったまま
テュ　ガルドゥ　タ　パリュール　　［直訳：アクセサリーをつけたまま］

日本でもクリスマスソングとしておなじみの「モミの木」。もともとはドイツの歌ですが、メロディーの親しみやすさからフランスでもよく歌われます。

Toi que Noël planta chez nous	あなたはノエルのときにだけ私たちのおうちに飾られる
トワ ク ノエル プランタ シェ ヌ	
Au saint-anniversaire	聖なる生誕の日に
オ サンタニヴェルセール	
Toi que Noël planta chez nous	あなたはノエルのときにだけ私たちのおうちに飾られる
トワ ク ノエル プランタ シェ ヌ	
Au saint-anniversaire	聖なる生誕の日に
オ サンタニヴェルセール	
Joli sapin, comme ils sont doux	素敵なモミの木、なんて優しくて
ジョリ サパン コム イル ソン ドゥ	
Et tes bonbons et tes joujoux	キャンディやおもちゃをたずさえ
エ テ ボンボン エ テ ジュジュ	
Toi que Noël planta chez nous	あなたはノエルのときにだけ私たちのおうちに飾られる
トワ ク ノエル プランタ シェ ヌ	
Tout brillant de lumière	光輝く姿で
トゥ ブリヤン ドゥ リュミエール	

soixante-quinze

en France
フランスで過ごすなら

ストラスブールのクリスマスマーケット
Marché de Noël de Strasbourg

フランスのノエルといえば、Alsace［アルザス］(f.) アルザス（フランス北東部地域圏）。地理的理由からドイツとフランスの間を揺れ動いた歴史があり、独自のアイデンティティを保つこの地方が一番華やぐのは、ノエルの季節。中でも Strasbourg［ストラスブール］ストラスブール（アルザス地域圏の首府）は、Capitale de Noël［キャピタル・ドゥ・ノエル］(f.) クリスマスの首都と呼ばれるほど。パリとはひと味違う、温もりのあるノエルが味わえます。

ストラスブールのノエルのお楽しみは…
Cathédrale Notre-Dame de Strasbourg [カテドラル・ノートルダム・ドゥ・ストラスブール] (f.)
　　　　　　　　　　　　　　　　　　　　　ストラスブール・ノートルダム大聖堂
　Horloge Astronomique [オルロージュ・アストロノミク] (f.) 天文時計 が有名です。
　crèche [クレシュ] (f.) ノエルの時期に飾る、キリスト生誕時の馬小屋の様子を再現した模型 が中にあります。

Grand Sapin [グラン・サパン] (m.) 巨大クリスマスツリー
　毎年、Place Kléber [プラス・クレベール] (f.) クレベール広場 に置かれる、アルザスで最大のクリスマスツリー。モミの木をクリスマスツリーに使ったのは、ストラスブールが最初といわれています。

Place de la Cathédrale [プラス・ドゥ・ラ・カテドラル] (f.) カテドラル広場
　marché de Noël [マルシェ・ドゥ・ノエル] (m.) クリスマスマーケット が開かれています。ストラスブールのクリスマスマーケットは、フランスで一番古い歴史を持つとか。

マルシェでひと休み…
　vin chaud　　　[ヴァン・ショー] (m.)　　ホットワイン
　　ドイツ語では、Glühwein [グリューヴァイン] (m.)
　bière　　　　　[ビエール] (f.)　　　　ビール
　tarte flambée　[タルト・フランベ] (f.)　タルト・フランベ
　　ベーコン、タマネギ、生クリームの薄いピザ
　choucroute　　[シュークルト] (f.)　　シュークルート
　　ハムやソーセージと塩漬けのキャベツ
　bredele [ブルデル] (m.)　ノエルの時期の小さなクッキー
　pain d'épice　[パン・デピス] (m.)　　パン・デピス
　　スパイスと蜂蜜の入ったケーキ

ドイツ語とフランス語の2か国語表記

soixante-dix-sept　77

à Paris
パリで過ごすなら

ノエルのイルミネーション
Illuminations de Noël

キラキラと輝く無数の星々が街角に舞い降りてきたかのような、ノエルのイルミネーション。コンコルド広場から凱旋門まで、ゆるやかな坂道になっている約 3km の並木道が、星くずを散らしたような幻想的な姿になります。凱旋門の西に沈んでゆく夕日を見届けたら、美しくライトアップされたパリのノエルのナイト・ツアーへ出かけましょう。

パリの右岸を東へ向かい、ノートルダム大聖堂まで、イルミネーションを楽しめるスポットが続きます。

avenue des Champs-Élysées [アヴェニュ・デ・シャンゼリゼ] (f.) **シャンゼリゼ通り**
 arc de triomphe de l'Étoile [アルク・ドゥ・トリヨンフ・ドゥ・レトワール] (m.) **エトワール凱旋門** のある **place Charles-de-Gaulle** [プラス・シャルル・ドゥ・ゴール] (f.) **シャルル・ド・ゴール広場** から **place de la Concorde** [プラス・ドゥ・ラ・コンコルド] (f.) **コンコルド広場** までの並木にイルミネーションが輝きます。

La grande roue à la Concorde [ラ・グランド・ルー・ア・ラ・コンコルド] (f.)
                   コンコルド広場の大観覧車
 毎年、ノエルの時期に特別設置される大観覧車。きらめくシャンゼリゼ通りが一望できます。

grand magasin [グラン・マガザン] (m.) **デパート、百貨店**
 デパートのショーウィンドウは、毎年テーマの違う楽しいおとぎの国になり、子どもたちに大人気。

Hôtel de ville de Paris [オテル・ドゥ・ヴィル・ドゥ・パリ] (m.) **パリ市庁舎**
 patinoire [パティノワール] (f.) **アイス・スケート場、スケートリンク**
  冬の間特別設置されるスケートリンク。パリ市庁舎前広場をはじめ、市内数か所にあります。
 manèges [マネージュ] (m.) 　**メリーゴーラウンド**
  市庁舎前の他、パリのあちこちの広場にあるメリーゴーラウンドは、クリスマス休みの間、無料に。パリ市から子どもたちへのうれしいプレゼント。

Cathédrale Notre-Dame de Paris [カテドラル・ノートルダム・ドゥ・パリ] (f.)
                  パリのノートルダム大聖堂
教会前の広場には大きなクリスマスツリー、聖堂内には **crèche** [クレシュ] (f.) **キリスト生誕を再現した模型** が飾られます。

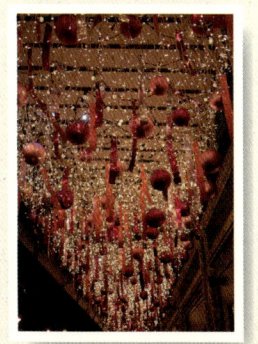

soixante-dix-neuf

message from PARIS

冬のヴァカンス

～ア・ラ・モンターニュ～
山へ

Vacances d'Hiver à la Montagne

bonhomme de neige

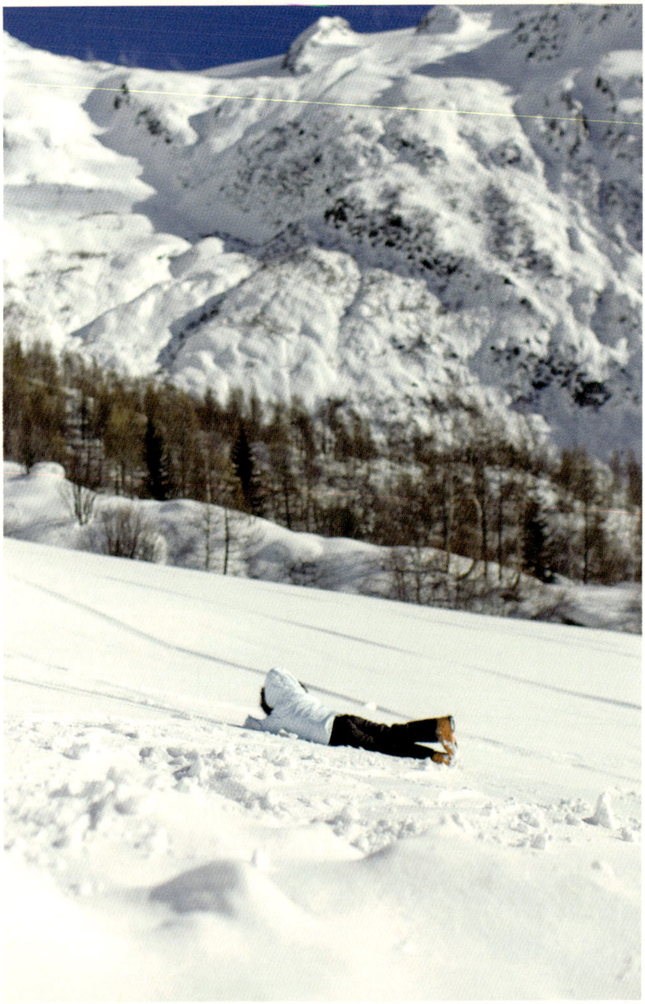

アルプス、ピレネーと、雄大な山脈を誇るフランスは、世界初の冬季オリンピックが開催された、アルペン大国でもあります。そんなフランスの冬のヴァカンスは、別名「スキーのヴァカンス」。比較的人間に従順で優しいフランスの自然の中にあって、スキー場を有する4000m級の山々の存在は圧倒的。大自然のパノラマが雄大に広がります。

手つかずの大自然は、人間はみな平等であることを否応なく認識させ、厳しい冬は、人は力を合わせなくては生きていけないという現実を突きつけます。さらに、フランスの山岳地帯は、アルプスはスイスとイタリア、ピレネーはスペインと国境を接しているため、周辺諸国と融合した独特の文化を併せ持ちます。そんな環境の中で行われる子どもたちのスキー教室は、天候が変わりやすい山でのレッスンや、異言語同士のコミュニケーションを通して、スキーの技術だけではなく、自然への畏怖の念や、他者を受け入れる包容力を学ぶ、いい機会となります。

山岳地帯の、素朴ながらも滋味溢れる料理に舌鼓を打ち、満天の星空の下、山同士の会話が聞こえてくるような静寂に包まれてぐっすりと眠る。太古を物語る峰々、万年雪、氷河…。大いなる地球の懐に抱かれて冬を過ごした子どもたちは、冬のヴァカンスの後、少したくましく成長します。

hiver	[イヴェール] (m.)	冬
montagne	[モンターニュ] (f.)	山、山地、山岳地方
vacances d'hiver	[ヴァカンス・ディヴェール] (f. pl.)	冬のヴァカンス、冬休み（2月後半から約2週間）
別名：vacances de ski	[ヴァカンス・ドゥ・スキー] (f. pl.)	スキーのヴァカンス

le vocabulaire
ヴォキャブラリー

冬山
La Montagne en Hiver

solstice d'hiver
[ソルスティス・ディベール] (m.)
冬至

vague de froid
[ヴァーグ・ドゥ・フロワ] (f.)
寒波

gelée blanche
[ジュレ・ブランシュ] (f.)
霜

neige roulée
[ネージュ・ルーレ] (f.)
あられ ［直訳：転がる雪］

chandelle de glace
[シャンデル・ドゥ・グラス] (f.)
つらら ［直訳：氷のろうそく］

chaîne de montagnes
[シェヌ・ドゥ・モンターニュ] (f.)
山脈

sommet
[ソメ] (m.)
頂上

pic
[ピック] (m.)
峰

arête
[アレット] (f.)
陵、山の尾根

vallée
[ヴァレ] (f.)
谷

corne
[コルヌ] (f.)
角

sabot
[サボ] (m.)
ひづめ

piste
[ピスト] (f.)
動物の足跡

sommeil hivernal
[ソメイユ・イベルナル] (m.)
冬眠

fonte des neiges
[フォント・デ・ネージュ] (f.)
雪解け

traîneau à chiens
[トレノー・ア・シャン] (m.)
犬ぞり

bonhomme de neige
[ボノム・ドゥ・ネージュ] (m.)
雪だるま

bataille de boules de neige
[バタイユ・ドゥ・ブル・ドゥ・ネージュ] (f.)
雪合戦

écharpe
[エシャルプ] (f.)
マフラー

doudoune
[ドゥドゥン] (f.)
ダウンジャケット

quatre-vingt-cinq

le vocabulaire
ヴォキャブラリー

スキー
Le Ski

station de ski
[スタシオン・ドゥ・スキ] (f.)
スキー場

espace luge
[エスパス・リュージュ] (m.)
ソリ遊び区域

caisse
[ケス] (f.)
切符売り場

forfait de ski
[フォルフェ・ドゥ・スキ] (m.)
スキーパス

journées consécutives
[ジュルネ・コンセキュティヴ] (f. pl.)
終日有効

location de skis
[ロカシオン・ドゥ・スキ] (f.)
スキーレンタル

skis
[スキ] (m. pl.)
スキー板

chaussures de ski
[ショスュール・ドゥ・スキ] (f. pl.)
スキー靴

bâtons de ski
[バトン・ドゥ・スキ] (m.pl.)
スキーのストック

casque de ski
[カスク・ドゥ・スキ] (m.)
スキー用ヘルメット

gants de ski
[ガン・ドゥ・スキ] (m. pl.)
スキーグローブ

masques de ski
[マスク・ドゥ・スキ] (m. pl.)
ゴーグル

plan des pistes
[プラン・デ・ピスト] (m.)
ゲレンデマップ

télésiège
[テレシエージュ] (m.)
スキーリフト（数人で座るタイプ）

téléski
[テレスキ] (m.)
スキーリフト（1人でバーにつかまるタイプ）

poste de secours
[ポスト・ドゥ・スクール] (m.)
救護所

moniteur de ski
[モニトゥール・ドゥ・スキ] (m.)
スキーのコーチ（男性）

monitrice de ski
[モニトリス・ドゥ・スキ] (f.)
スキーのコーチ（女性）

skieur
[スキユール] (m.)
スキーヤー（男性）

skieuse
[スキユーズ] (f.)
スキーヤー（女性）

les expressions
表現

冬の暮らし
La Vie en Hiver

雪や氷とともにある寒い冬の暮らしは厳しいものですが、それならではの楽しみもあります。厚着をして頬を上気させた子どもたちの、雪合戦やソリ遊びを遠くに見ながら、冬の散歩に出かけてみましょう。

ATTENTION
SOLS GLISSANTS
MARCHEZ DOUCEMENT
CAUTION
SLIPPERY FLOOR
WALK GENTLY

注意　地面が滑ります　ゆっくり歩いてください

ATTENTION
CHUTES DE NEIGE
DU TOIT

屋根からの落雪に注意

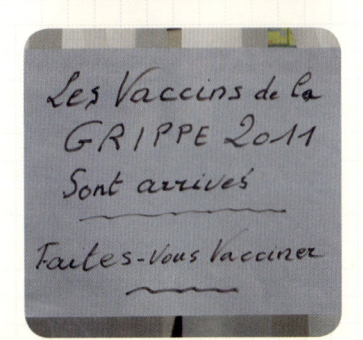

Les Vaccins de la
GRIPPE 2011
sont arrivés
Faites-vous Vaccinez

インフルエンザ2011年のワクチン入荷しました
予防接種をしましょう

Jardin ouvert

Pour votre sécurité, merci de respecter :
- les limites des zones accessibles et les pelouses autorisées ;
- la fermeture des espaces de jeux ;
- les plantes, fragilisées par grand froid,
- les recommandations des agents d'accueil et de surveillance.

Les activités de glisse sont interdites.

Attention, risques de chutes, soyez prudents.
Parents, surveillez vos enfants.

公園は開いています
あなたの安全のためお守りください：
ー解放されている場所と芝生以外は立ち入り禁止です
ー遊具広場は閉場です
ー植物は厳寒でもろくなっています
ー係員、監視員の指示に従ってください
滑る行為は禁止です。

注意、落雪の恐れあり、慎重に。
ご両親は、子どもを監視すること。

LA PATINOIRE NE POSSEDE NI DE VESTIAIRE NI DE CONSIGNE

GANTS OBLIGATOIRES POUR PATINER

当スケートリンクには、更衣室も手荷物預かり所もありません

スケートには手袋が必要です

Légende :
- Piste Ouverte
- Piste Fermée

現在地［直訳：あなたはここです］

凡例：

ゲレンデ開放域

ゲレンデ閉鎖域

ULTIMA SALITA
DERNIÈRE MONTÉE
LAST RIDE UP
LETZTE BERGFAHRT

昇り便最終時刻
［リフト乗り場の表示で、上から、イタリア語、フランス語、英語、ドイツ語の4か国語表記］

quatre-vingt-neuf 89

les textes
文章

ウィンタースポーツ
Les Sports d'Hiver

冬のヴァカンスは別名「スキーのヴァカンス」というだけあって、「ことばのノート」もスキーについて。「三つ星」のような星の数は、ホテルやレストランだけではなく、子どもたちのスキーの級にも使われます。

Les Sports d'hiver

Dans quelques semaines nous serons en vacances : il s'agit des vacances du mois de Février.
Beaucoup d'entre nous partirons rejoindre les montagnes pour profiter des joies de la neige : c'est la période des <u>Sports d'hiver</u>.

1 - Aux pieds des montagnes et des stations de ski nous voyons de nombreuses maisons en bois qui sont petites et basses : cela s'appelle des <u>chalets</u>. Il y a aussi de grands immeubles.

2 - <u>Le</u> matériel : pour skier il faut avoir <u>une paire de skis et de bâtons</u>, des chaussures avec fixation et une bonne <u>Combinaison</u> pour ne pas avoir froid.

3 - A la montagne on peut faire du ski, c'est-à-dire on descend les pistes, du <u>ski de fond</u> qui permet de se promener tout en skiant mais aussi de la <u>luge</u> ou du <u>traîneau</u>.

4 - <u>Les</u> remontées mécaniques : pour arriver en haut on utilise <u>les œufs</u>, <u>le télésiège</u>, <u>le téléski</u> (tire-fesses) pour les petits enfants.

5 - A la montagne il y a différentes pistes de ski, d'autres difficiles.
En principe les petits skient sur <u>la piste bleue</u>

une skieuse

Lorsqu'on ne sait pas faire de ski les enfants mais aussi les grandes personnes prennent des leçons de ski avec <u>un moniteur ou une monitrice</u>.

Enfin, à la fin du séjour, pour récompenser ceux qui ont fait des progrès, le moniteur distribue <u>un diplôme</u> :

- l'ourson
- le flocon
- l'étoile : * ** ***
- le chamois
- la flèche d'argent, de bronze et d'or.

Où part-on pour les sports d'hiver ?
[ウ・パルトン・プール・レ・スポール・ディヴェール？]
冬のスポーツをするにはどこへ行きますか？

Au bord de la mer ?
[オ・ボール・ドゥ・ラ・メール？]
海へ？

À la montagne ?
[ア・ラ・モンターニュ？]
山へ？

Les sports d'hiver

Dans quelques semaines nous serons en vacances : il s'agit des vacances de mois de février. Beaucoup d'entre nous partirons rejoindre les montagnes pour profiter des joies de la neige : c'est la période des sports d'hiver.

1_ Aux pieds des montagnes et des stations de ski nous voyons de nombreuses maisons en bois qui sont petites et basses : cela s'appelle des chalets.
Il y a aussi de grands immeubles.

2_ La matériel : pour skier il faut avoir une paire de skis et de bâtons, des chaussures avec fixation et une bonne combinaison pour ne pas avoir froid.

3_ À la montagne on peut faire du ski, c'est-à-dire on descend les pistes, du ski de fond qui permet de se promener tout en skiant mais aussi de la luge ou du traîneau.

4_ Les remontées mécaniques : pour arriver en haut des pistes on utilise les œufs, le télésiège, le téléski (tire-fesses) et le fil pour les petits enfants.

5_ À la montagne il y a différentes pistes de ski, certaines faciles et d'autres difficiles.
En principe les petits skient sur la piste bleue.

Lorsqu'on ne sait pas faire de ski, les enfants mais aussi les grandes personnes prennent des leçons de ski avec un moniteur ou une monitrice.

Enfin, à la fin du séjour, pour récompenser ceux qui ont fait des progrès, le moniteur distribue un diplôme :
......

ウィンタースポーツ

あと数週間で、2月のヴァカンスになります。私たちの多くは、雪を楽しみに山へ向かい出発します。ウィンタースポーツの季節です。

1- 山の麓やスキー場では、たくさんの木造りの小さくて低い家を見かけます。それは山小屋といいます。大きな建物もあります。

2- 道具：スキーをするには、スキー板1組、ストック、固定具の付いたスキー靴、寒くならないためのよいスキーウェアが必要です。

3- 山では、スキーをすることができます。それは、ゲレンデを降りることです。クロスカントリースキーではスキーで歩き回ることができますが、[1～2人用の]小さいソリや[動物などで引く]大きいソリもあります。

4- リフト：ゲレンデの高い所に行くため、私たちは、カプセル型のリフト [※直訳：卵]、座るリフト、バーに捕まるリフト（おしり引き）、小さな子どもたちのためのロープを利用します。

5- 山では、簡単なものや、難しいものなど、いろいろな種類のゲレンデがあります。基本的に、子どもたちは青のゲレンデでスキーをします。

スキーができないときは、子どもだけではなく大人も、男性コーチ、女性コーチについてスキーのレッスンをします。

そして滞在の最後に、上達の証として、コーチは証書を授与します：
＜後略＞

quatre-vingt-onze

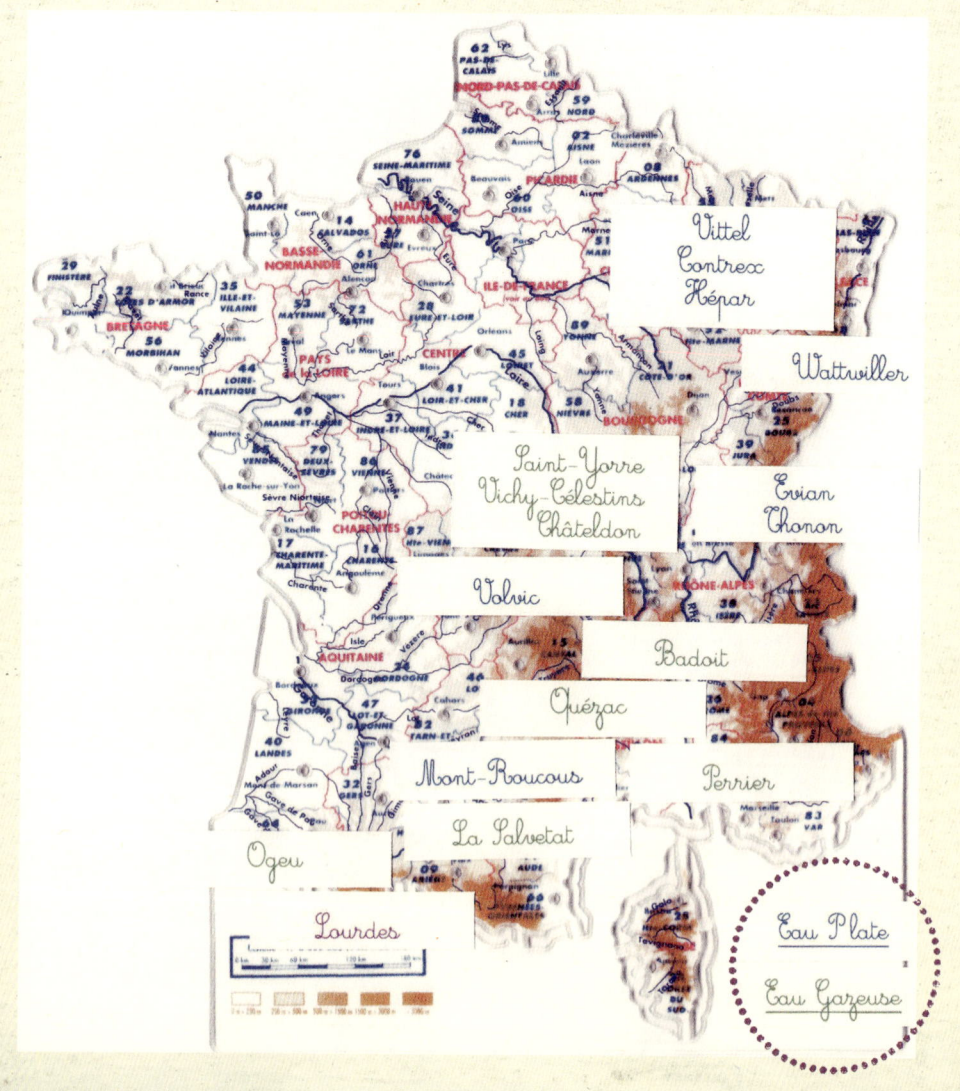

le savoir-faire
ヴァカンスのメモ

水を知る
Savoir sur l'Eau

Vittel
Contrex
Hépar

Wattwiller

Saint-Yorre
Vichy-Célestins
Châteldon

Evian
Thonon

Volvic

Badoit

Quézac

Mont-Roucous

Perrier

La Salvetat

Ogeu

Lourdes

Eau Plate
Eau Gazeuse

山は、おいしい水のふるさと。日本の山の恵みの水は温泉水ですが、フランスでは eau minérale ［オ・ミネラル］(f.) ミネラルウォーターです。山に恵まれたフランスには、たくさんの源泉地があります。実際の源泉地が、そのままおなじみのミネラルウォーターの名前になっているものも。ヴァカンス先のお店やスーパーで、その地方の水を探すのも、地方を味わう楽しみのひとつです。

＊和訳を記載していない単語は、すべて水の原産地名です。

eau plate　［オ・プラット］(f.) / eau non-gazeuse　［オ・ノンガズーズ］(f.) 炭酸ではない水
　Vittel　　　［ヴィテル］　　　　　　Evian　　　　　　［エヴィアン］
　Contrex　　［コントゥレックス］　　Thonon　　　　　［トノン］
　Hépar　　　［エパール］　　　　　　Volvic　　　　　　［ヴォルヴィック］
　Wattwiller　［ヴァトヴィレール］　　Mont-Roucous　　［モンルク］

eau gazeuse　［オ・ガズーズ］(f.) 炭酸水
　Saint-Yorre　　　［サンヨール］　　　　Quézac　　　　　［ケザック］
　Vichy-Célestins　［ヴィシーセレスタン］　Perrier　　　　　［ペリエ］
　Châteldon　　　　［シャテルドン］　　　La Salvetat　　　［ラ・サルヴェタ］
　Badoit　　　　　　［ヴァドワ］　　　　　Ogeu　　　　　　［オグー］

eau miraculeuse　［オ・ミラキュルーズ］(f.) 奇跡の水
　Lourdes　　　　　［ルールド］　　　　ローマ法王庁公認の聖地
　　　　　聖母マリアが現れて指し示した泉は、病を治す奇跡の水として信じられています。

山麓にある村には、公共の水道や噴水があるところも。
eau potable　　　　　［オ・ポタブル］(f.)　　飲める水、飲料水
eau non potable　　　［オ・ノン・ポタブル］(f.)　飲めない水

水道蛇口で見かける C と F の意味は、
C : eau chaude　　　［オ・ショード］(f.)　　温水
F : eau froide　　　　［オ・フロワド］(f.)　　冷水

les spécialités
ヴァカンスの恵み

チーズ料理
La Cuisine au Fromage

tartiflette [タルティフレット] (f.) タルティフレットとは…

茹でたジャガイモのスライス、ベーコン、タマネギ、ニンニクをバターで炒め、グラタン皿に並べて、**サヴォワ地方のチーズreblochon** [ルブロション] (m.) と生クリームをのせて、オーブンでこんがり焼く郷土料理。

fondue au fromage [フォンデュ・オ・フロマージュ] (f.) チーズフォンデュは…

厚手の鍋に、**gruyère** [グリュイエール] (m.) 、**beaufort** [ボーフォール] (m.)、**comté** [コンテ] (m.) などのチーズに白ワインを入れて溶かし、一口大に切ったバゲットや茹でたジャガイモをくぐらせて食べます。香り付けのニンニクなどお好みで。

上記3つのチーズの名前は、そのままそのチーズの産地名。チーズフォンデュのふるさとです。

la cuisine de montagne [ラ・キュイジン・ドゥ・モンターニュ] (f.) 山の料理 といえば、タルティフレット、チーズフォンデュに、ラクレット。どれも、トロ〜リとろけるチーズ料理です。栄養価の高いチーズは、山の大切な保存食。そんなチーズをたっぷり使ったごちそうは、体も心も温まる、シンプルで素朴な味です。

raclette [ラクレット] (f.) ラクレット とは…

マッターホルンを有するスイス南部**ヴァレー州産チーズ** raclette [ラクレット] (m.) の表面を熱し、溶けた部分を **削り道具** raclette [ラクレット] (f.) で削って、熱いソースとして食材にかけて食べる料理のこと。

*raclette は、男性名詞では「チーズの名称」、女性名詞では「料理の名称」、「器具の名称」を表します。

スキー場を有するほどの山脈は隣接国との国境となるため、実は大都市よりインターナショナル。ひとつ間違えば生命の脅威を感じる冬の大自然の中では、言葉が通じなくても心が通い合います。国境を越えた同胞意識を感じながら、みんなでスタミナのあるものを食べて、明日のために備える。そんな「食べる」ことの原点に立ち戻るのも、冬のヴァカンスの貴重な経験です。

souvenir de vacances
ヴァカンスの思い出

スキー学校のパーティ
La Fête de l'École de Ski

Le vendredi 26 février à 17h,
venez avec vos Enfants partager l'émotion de

CHAMONIX EN ROUGE

DÉFILEZ aux couleurs de votre ESF au rythme de la Musique et des Artistes.

Regroupez-vous devant la Maison de la Montagne avec vos Moniteurs pour partager un GOUTER OFFERT aux Petits comme aux Grands.

Vivez en direct l'excitation du tirage public de notre GRANDE TOMBOLA au profit de la Caisse de Secours des Moniteurs.

Admirez le spectacle de L'ILLUMINATION de la Maison de la Montagne.

Laissez-vous fasciner par le FEU D'ARTIFICE.

LE PROGRAMME

17h00 : Un « package rouge ESF » est offert aux enfants des cours. Les enfants et les parents prennent le bus aux Planards avec les Moniteurs pour se rendre aux départs des cortèges.

17h15 : Cortèges des Enfants, des Parents et de leurs Moniteurs vers la Maison de la Montagne, encadrés par les Artistes, musiciens jongleurs...

18h00 : Maison de la Montagne : Gouter GÉANT, musique, animations... Tirage de la Tombola au profit de la Caisse de Secours des Moniteurs avec de nombreux lots tels que :
- Skis, Snowboards, Équipements de ski
- Nombreux forfaits journées ou semaines
- Vols Hélicoptères

19h45 : Illumination de la Place par les Enfants, les Parents et les Moniteurs : La Maison de la Montagne prend la couleur de la Fête « ROUGE ».

20h00 : FEUX D'ARTIFICE

ET LA FÊTE CONTINUE SUR LA PLACE :
Boissons chaudes & fraiches - Tartiflettes...
En compagnie de l'Orchestre d'EDGARD

スキーの迎えに行くと、娘のポケットからはよく、ロシア語やドイツ語のお菓子の袋が出てきました。「お友だちのおやつを分けてもらったの」。言葉は違っても、一緒に転んだり滑ったりしていたらすぐに仲良し。そんなスキー学校の最終日は、学校主催のお祭りです。純白のゲレンデの中をそれぞれのカラフルなスキーウェアで滑っていた子どもたちが、みんなお揃いの赤いＴシャツで広場に集まり、コーチに、友だちに、山に、別れを惜しみます。

2月26日金曜日17時、
お子さんと一緒に楽しみましょう
シャモニー・ルージュ［直訳：赤いシャモニー］

あなたのスキー学校の色［赤］で、楽団たちの音楽のリズムと一緒にパレードを。
「山の家」でコーチたちと集合して、大人も子どももおやつをどうぞ。
救済資金利益による福引きに参加してお楽しみを。
「山の家」のイルミネーションのスペクタクルで感動を。
そして、花火をご堪能あれ。

プログラム

17:00：「スキー学校の赤いパッケージ」を子どもたちに配布。
　　　　子どもと親はパレードの出発点プラナード行きのバスにコーチと乗車。
17:15：子ども、親、コーチ、大道芸人や音楽隊と一緒に「山の家」までパレード。
18:00：「山の家」到着、たくさんのおやつ、音楽、見せ物…
　　　　救済資金利益による福引きの景品：
　　　　　　　　スキー、スノーボード、スキー用品…
　　　　　　　　1日または1週間のスキーパック、
　　　　　　　ヘリコプターでの飛行
19:45：子どもたち、親、コーチによる広場のイルミネーション：「山の家」はお祭りの色「赤」
　　　　に染まります。
20:00：花火

　　　　　　　広場でパーティは続きます：
　　　　　温かい飲み物、冷たい飲み物、タルティフレット…
　　　　　　　　エドガー楽隊の音楽とともに

quatre-vingt-dix-sept　97

en France
フランスで過ごすなら

シャモニ・モンブランでスキー
Faire du Ski à Chamonix

Chamonix-Mont-Blanc [シャモニ・モン・ブラン] シャモニ・モンブラン は、1924年に世界で初めて冬のオリンピックが開催された、冬季オリンピック発祥の地。フランスの最高峰モンブランを臨む渓谷にあり、世界中から登山とスキーの愛好者が集まります。モンブランの頂上はイタリアとの国境に位置するため、シャモニ・モンブランの街から南に見える峰の向こう側はイタリア、東側へ進むと山向こうはスイスという、国境沿いの小さな街です。

Chamonix [シャモニ] **シャモニーは…**
シャモニ・モンブランの通称。**Haute-Savoie** [オート・サヴォワ] (f.) **オート・サヴォワ県** に位置します。
    montagnard(e)　　[モンタニャール／モンタニャルド] (m./f.)　　山地の住民
    savoyard(e)　　　[サヴォワイヤール／サヴォワイヤルド] (m./f.)　　サヴォワ地方の住民
    chamoniard(e)　　[シャモニャール／シャモニャルド] (m./f.)　　シャモニーの住人

Mont Blanc [モン・ブラン] (m.) **モンブラン** [直訳：白い山] は…
    altitude　[アルティテュード] (f.)　標高：4810.45m
    âge　　　[アージュ] (m.)　　　年齢：30 millions d'années [トロント・ミリオン・ダネ] 3000万年
18世紀に初登頂されるまでは、« montagne maudite » [モンターニュ・モディト] (f.) 「呪われた山」 と呼ばれ、恐れられていました。

シャモニーの観光地は…
Aiguille du Midi　　[エギーユ・デュ・ミディ] (f.)　**ミディ針峰** [直訳：正午の時計の針]
    Téléphérique de l'aiguille du Midi [テレフェリク・ドゥ・レギーユ・デュ・ミディ] (m.) **エギーユ・デュ・ミディのロープウェイ** を乗り継いで、3842m の山頂まで行くことができます。
Mer de Glace　　[メール・ドゥ・グラス] (f.)　**メール・ド・グラース氷河** [直訳：氷の海]
    Chemin de fer du Montenvers [シュマン・ドゥ・フェール・デュ・モンタンヴェール] (m.) **モンタンヴェール登山鉄道** に乗って見に行くことができます。

le chocolat du chamoniard
[ル・ショコラ・デュ・シャモニャール] (m.)
シャモニーのチョコレート

à Paris
パリで過ごすなら

スペクタクル
Les Spectacles

冬山の厳寒には及ばないものの、石畳が凍てつくパリの真冬の寒さは格別です。ゲレンデのにぎわいをよそに、どんよりと重い鉛色の雲の下、パリの通りは閑散としています。そんなパリで冬を過ごすなら、シーズン真っ最中の spectacle [スペクタクル] (m.) スペクタクル（オペラ・バレエ・演劇など舞台鑑賞の総称）がお勧め。ひとたび幕が上がれば、そこはまばゆい別世界。建物自体も鑑賞価値のある美しい劇場で、ひとときの間、夢心地に。

オペラ、バレエ、コンサートを楽しむなら…
　Opéra Garnier　　　　　[オペラ・ガルニエ] (m.)　　オペラ座ガルニエ
　Opéra Bastille　　　　　[オペラ・バスティーユ] (m.)　オペラ座バスティーユ
　いずれも国立のオペラ座です。

クラシックコンサートを楽しむなら…
　Théâtre des Champs-Elysées　　　[テアトル・デ・シャンゼリゼ] (m.)　シャンゼリゼ劇場
　Châtelet Théâtre Musical de Paris　[シャトレ・テアトル・ミュジカル・ドゥ・パリ] (m.)
　　　　　　　　　　　　　　　　　　　　　　　　　パリ・シャトレ音楽劇場
　Salle Pleyel　　　　　　[サル・プレイエル] (f.)　　サル・プレイエル
　Salle Gaveau　　　　　　[サル・ガヴォ] (f.)　　　サル・ガヴォー

演劇を楽しむなら…
　Comédie Française　　　[コメディー・フランセーズ] (f.)　コメディー・フランセーズ
　Odéon　　　　　　　　　[オデオン] (m.)　　　　　オデオン座

子どもに人気なのは…
　Cirque d'Hiver　　　　　[シルク・ディヴェール] (m.)　冬のサーカス団
　公演は10月から3月まで

スペクタクルにまつわる単語：
　billet　　　　　　　　　　[ビエ] (m.)　　　　　　　　チケット
　billetterie　　　　　　　[ビエトリ] (f.)　　　　　　　切符売り場、プレイガイド
　siège　　　　　　　　　　[シエージュ] (m.)　　　　　座席
　vestiaire　　　　　　　　[ヴェスティエール] (m.)　　　クローク
　jumelles de théâtre　　　[ジュメル・ドゥ・テアトル] (f. pl.)　オペラグラス
　entracte　　　　　　　　[アントラクト] (m.)　　　　　幕間、休憩時間
　applaudissements　　　　[アプロディスモン] (m. pl.)　拍手、喝采

message from PARIS

春のヴァカンス

〜ア・ラ・カンパーニュ〜

田舎へ

Vacances de Printemps à la Campagne

trèfle

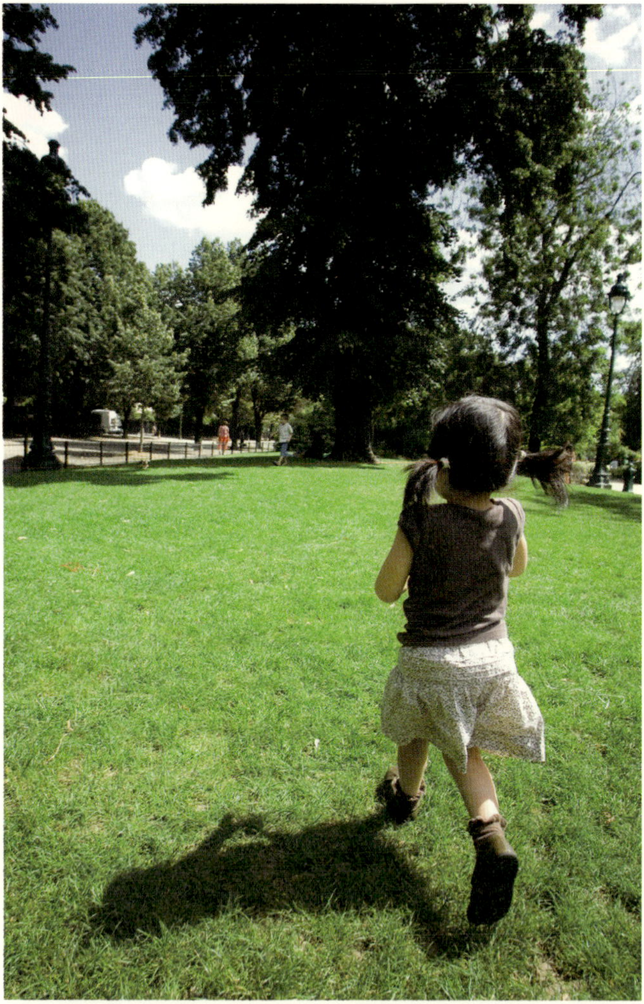

春風に花もほころぶ伸びやかな季節。新緑の息吹を胸いっぱいに吸いに、春のヴァカンスは田舎へ誘われます。フランス人は、田舎が大好き。どこまでも続く麦畑、なだらかな丘陵、ひなびた農家。それは日本人にとって霞たなびく水田風景のような、豊かで穏やかな故郷の原風景です。

19世紀に開通したパリと郊外を結ぶ鉄道は、産業革命によって生まれた近代社会や都市生活に疲れた人々を、そんな心洗われる風景へと連れ出しました。工業化が進み、労働者階級が生まれ、消費社会が広がっていく反動のように、人々は自然溢れる田舎へと向かいます。そんな中から、ありのままの自然や光そのものを描き出す画家たちが現れ、やがて「印象派」として、世界に名を残す名作が生み出されることとなります。

「労働時間外」を意味するレジャーを、やがてフランスが「長期有給休暇」に法制度化してヴァカンスへと作り上げていった礎(いしずえ)には、印象派の画家たちを魅了した、そして彼らの絵画によって再発見された、フランス人の心のふるさと、美しきカンパーニュ（campagne）の姿があったのかもしれません。

printemps	[プランタン] (m.)	春
campagne	[カンパーニュ] (f.)	田舎、田園、農村、田畑、平地、平原
vacances de printemps	[ヴァカンス・ドゥ・プランタン] (f. pl.)	春のヴァカンス、春休み

（3〜4月の移動祝日である復活祭の前後約2週間）
別名：vacances de Pâques [ヴァカンス・ドゥ・パック] (f. pl.) 復活祭のヴァカンス

le vocabulaire
ヴォキャブラリー

春
Le Printemps

équinoxe de printemps
[エキノクス・ドゥ・プランタン] (m.)
春分

brise
[ブリズ] (f.)
そよ風

giboulée
[ジブレ] (f.)
春のにわか雨

bourgeonnement
[ブルジョヌマン] (m.)
芽吹き

jeunes feuilles
[ジュヌ・フイユ] (f. pl.)
若葉

grain
[グラン] (m.)
種

bulbe
[ビュルブ] (m.)
球根

arrosoir
[アロゾワール] (m.)
じょうろ

pot à fleurs
[ポ・ア・フルール] (m.)
植木鉢

filet à papillons
[フィレタ・パピヨン] (m.)
虫採り網

nid
[ニ] (m.)
巣

pépiement
[ペピモン] (m.)
小鳥のさえずり

marguerite
[マルグリト] (f.)
ヒナギク

fleurs de colza
[フルール・ドゥ・コルザ] (f. pl.)
菜の花

trèfle
[トレフル] (m.)
クローバー

pétale
[ペタル] (m.)
花びら

pleine floraison
[プレヌ・フロレゾン] (f.)
満開

pollen
[ポレン] (m.)
花粉

rhume des foins
[リュム・デ・フォワン] (m.)
花粉症［直訳：干し草の風邪］

heure d'été
[ウール・デテ] (f.)
夏時間
3月末に始まるため、夏時間の始まりは春の到来です。

le vocabulaire
ヴォキャブラリー

田園
La Campagne

pâturage
[パテュラージュ] (m.)
放牧場、牧草地

blé
[ブレ] (m.)
麦

céréale
[セレアル] (f.)
穀物
語源は古代ローマの収穫・大地・豊穣の女神
Cérès [セレス] (f.)

bois
[ブワ] (m.)
林

forêt
[フォレ] (f.)
森

colline
[コリヌ] (f.)
丘

ruisseau
[リュイソー] (m.)
小川

puits
[ピュイ] (m.)
井戸

sentier
[サンティエ] (m.)
（森・山・牧場などの）小道

randonnée
[ランドネ] (f.)
ハイキング、山歩き、遠乗り

panier pique-nique
[パニエ・ピクニク] (m.)
ピクニック用のかご、バスケット

guinguette
[ガンゲット] (f.)
森や川岸にある田舎風の居酒屋レストラン

glace à la rose
[グラス・ア・ラ・ローズ] (f.)
バラのアイスクリーム

Les œufs des fermes
[レズフ・デ・フェルム] (m. pl.)
農園の卵

village
[ヴィラージュ] (m.)
村

ferme
[フェルム] (f.)
農家

villageois
[ヴィラジュワ] (m.)
村の人（男性）

fermier
[フェルミエ] (m.)
農民（男性）

villageoise
[ヴィラジュワーズ] (f.)
村の人（女性）

fermière
[フェルミエール] (f.)
農民（女性）

cent neuf 109

les expressions
表現

春の田舎道
Le Printemps à la Campagne

春の田舎は、風に揺れる花も草を食む牛も、新しい季節の到来を喜んでいるような幸せな空気に満ちています。木漏れ日を浴びながら、緑の小道をのんびり散歩してみましょう。

Merci de préserver la beauté et la propreté de ce lieu de promenade et de loisir.
Ici, chaque jour, 38 jardiniers et agents d'entretien ainsi que 17 agents d'accueil et de surveillance de la Mairie de Paris prennent soin de ce jardin parisien.

この散歩と憩いの場の、美しさと清潔さを保つよう、ご協力お願いします。
ここでは、毎日、パリ市の38人の園芸係と維持係及び17人の案内係と監視係がこのパリの公園を管理しています。

PELOUSE NON AUTORISÉE
芝生立ち入り禁止

RÉSERVÉE AUX CAVALIERS ALLURE MODÉRÉE
乗馬優先、ゆっくり進むこと

LOCATION CYCLES V.T.T.
貸し自転車、貸しマウンテンバイク
v.t.t. = vélo tout-terrain [ヴェロ・トゥテラン] (m.) マウンテンバイク
[直訳：オフロードの自転車]

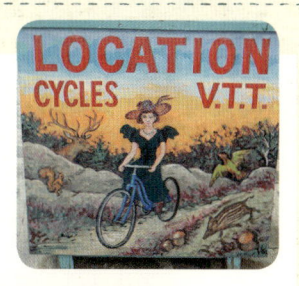

Respectons ensemble
la santé des animaux,
merci de ne pas les nourrir.
動物たちの健康をみんなで尊重するため、えさを与えないでください。

EN CAS DE TEMPÊTE, CE JARDIN SERA FERMÉ
嵐の際は、この公園は閉鎖します

ALLÉE AUX VACHES
牛の通り道

Ensemble protégeons la forêt
Pas de feu, ni camping. Remportons nos déchets
Tenons nos chiens en laisse
Cueillons modérément les végétaux autorisés
Évitons de pénétrer dans les sous-bois
一緒に森を守りましょう
火気及びキャンプは禁止です。ゴミは持ち帰りましょう
犬はリードにつなぎましょう
植物採集は適量をお守りください
森林内部へ入るのは避けましょう

les textes

文章

菜園
Le Potager

大地の恵みと、丹誠込めて育てる人の気持ちが、ぎゅっと詰まっている野菜や果物。春の「ことばのノート」は、そんな野菜や果物の育ち方について…。

Le Potager.

Le potager c'est le jardin de quelques fruits :
- les fraises qui poussent dans la terre → les fraisiers.
- les framboises qui poussent sur des buissons → les framboisiers.
- les groseilles qui poussent sur les groseilliers.
- les tomates (mais oui, ce sont des fruits !) qui poussent sur des grandes tiges → les plans de tomates.
- les melons qui poussent sur la terre.

Les autres fruits courants poussent sur des arbres fruitiers qui sont réunis dans le verger :
- les cerises sur les cerisiers.
- les pommes sur les pommiers.
- les pêches sur les pêchers…

Le potager c'est aussi le jardin des légumes qui poussent dans la terre → les radis, les navets, les carottes et les pommes de terre, ou hors la terre → les laitues, les poireaux, les petits pois et les haricots verts…

Le potager c'est aussi le jardin des herbes potagères qui donnent du goût à nos salades ou à nos sauces :
- le persil   · la menthe (le thé à la menthe)
- la ciboulette   · l'oseille
- l'estragon   · le thym.

Au fond du potager, on trouve la cabane à outils où le jardinier range ses outils et ses produits contre les insectes et les animaux qui abîment ses plantations.

> A quoi sert une serre ?
> [ア・クワ・セール・ユヌ・セール？]
> 温室は何のためにあるのかな？

> A quoi sert un épouvantail ?
> [ア・クワ・セール・アン・エプヴァンタイユ？]
> かかしは何のためにあるのかな？

Le Potager

Le Potager c'est le jardin de quelques fruits :

_ les fraises qui poussent dans la terre → les fraisiers.
_ les framboises qui poussent sur des buissons → les framboisiers.
_ les groseilles qui poussent sur les groseilliers.
_ les tomates (mais oui, ce sont des fruits !) qui poussent sur des grandes tiges → les plants de tomates.
_ les melons qui poussent sur la terre.

Les autres fruits courants poussent sur des arbres fruitiers qui sont réunis dans le verger :
_ les cerises sur les cerisiers.
_ les pommes sur les pommiers.
_ les pêches sur les pêchers ...

Le potager c'est aussi le jardin des légumes qui poussent dans la terre → les radis, les navets, les carottes et les pommes de terre, ou hors-la terre → les laitues, les poireaux, les petits pois et les haricots verts...

Le potager c'est aussi le jardin des herbes potagères qui donnent du goût à nos salades ou à nos sauces :
_ le persil   _ la menthe (le thé à la menthe)
_ la ciboulette   _ l'oseille
_ l'estragon   _ le thym

Au fond du potager, on trouve la cabane à outils où le jardinier range ses outils et ses produits contre les insectes et les animaux qui abîment ses plantations.

菜園

菜園とは、果物の庭です。

- 地面から出ているイチゴ → イチゴの苗。
- 木に実っているフランボワーズ → フランボワーズの木。
- スグリの木に実っているスグリの実。
- 大きな茎に実っているトマト（そうです、これも果物！）→ トマトの苗。
- 地面から出ているメロン。

他のおなじみの果物は、果樹園に集められている果物の木に実っています。
- サクランボはサクランボの木に。
- リンゴはリンゴの木に。
- 桃は桃の木に…

菜園とは、地面で栽培される野菜の庭でもあります。→ ラディッシュ、かぶ、にんじん、じゃがいも、または地面の外になっている野菜 → レタス、ポワローネギ、グリンピース、いんげん…

菜園とは、私たちのサラダやソースに風味を添えるハーブの庭でもあります。

- パセリ   - ミント（ミントティー）
- シブレット［あさつき］ - オゼイユ［すいば］
- エストラゴン   - タイム

菜園の奥には、菜園を管理する人が、農具や作物に害を与える昆虫や動物から守るためのものなどを入れる、道具小屋があります。

cent treize

le savoir-faire
ヴァカンスのメモ

ゴミを出す
Jeter les Ordures

point recyclage
[ポワン・ルシクラージュ] (m.)
リサイクル・ポイント

緑色に普通ゴミ、黄色にリサイクルゴミ（紙、缶、プラスティック）、白色にガラス製のゴミを分別して入れます。

その昔パリ市で、ゴミ箱を考案したプーベル知事。名前が、そのままゴミ箱という意味になりました。
poubelle [プーベル] (f.) **ゴミ箱**、**sac-poubelle** [サック・プーベル] (m.) **ゴミ袋**。名前がゴミ箱になるなんて、名誉なことか微妙ですが…。
買い物時の **sac plastique** [サック・プラスティック] (m.) **ビニール袋** も有料のところが増えてきました。**sac écolo** [サック・エコロ] (m.) **エコバッグ** もヴァリエーション豊かになりました。

田舎や公園でピクニックするとき、気をつけなくてはいけないのはゴミのこと。パリの公共のゴミ箱は、大きく分けて3つ。普通のゴミ箱、紙やペットボトルなどリサイクル用のゴミ箱、ガラス瓶専用のゴミ箱です。ゴミの分別については、お隣のドイツや日本の方が、ずっと意識も高く徹底しているように思います。なんて言うと、marché aux puces [マルシェ・オ・ピュス] (m.) のみの市や brocante [ブロカント] (f.) 古物市、antiquaire [アンティケール] (m. f.) 骨董屋 などなど、リサイクルはフランスがずっと続けてきた文化よ、というフランス人の声が聞こえてきそうですが…。

近辺住民への静かさのため、22時から7時の間は瓶を捨てないでください。

ここにガラス品を捨ててください
ー 22時から7時以外に ー

ボトル　　瓶、広口瓶　　小瓶

割れた瓶は溶かされます

注意
絶対に捨てないでください

瓶の口金、栓　　陶器、磁器　　プラスティック材　　電球

これらの成分が入るとガラスの溶解を害することになります。

cent quinze　115

les spécialités
ヴァカンスの恵み

ピクニックのごちそう
Les gourmandises pour le pique-nique

春の訪れを告げる食材は…

asperge blanche
[アスペルジュ・ブランシュ] (f.)
ホワイトアスパラガス

asperge verte
[アスペルジュ・ヴェルト] (f.)
グリーンアスパラガス

asperge sauvage
[アスペルジュ・ソヴァージュ] (f.)
野生のアスパラガス

軽く茹でて、**sauce hollandaise** [ソス・オランデーズ] (f.) **バター、卵黄、酢でつくるマヨネーズのような濃厚なソース** でいただきます。

Pâques [パック] (f. pl.) **復活祭** は、2月の **carnaval** [カルナヴァル] (m.) **謝肉祭** 後からの約40日間の断食が解かれる日。今まで食べられなかった肉や乳製品を、感謝とともに味わう日でもあります。そんな復活祭のごちそうは、**agneau** [アニョ] (m.) **子羊** のロースト。そして、卵やバターをたくさん使ったお菓子が並びます。

マルシェに、白いアスパラガスと色鮮やかなイチゴが並んだら、もう春らんまん。緑色の鮮やかな葉ものや、みずみずしい果物、そして牛や羊たちが柔らかい草を食べるこの季節だからこそおいしい、乳製品の数々。お気に入りのパン屋さんのバゲット、バターにチーズ、デザートのフルーツにワインも1本。陽光のもとで、ピクニックのはじまりです。

春から夏にかけて野や森で取れる小さな実を **fruit rouge** [フリュイ・ルージュ] (m.) 赤い果物 と呼びます。主なものは…

cassis
[カシス] (m.)
カシス、クロスグリ

cerise
[スリーズ] (f.)
サクランボ

fraise
[フレーズ] (f.)
イチゴ

framboise
[フランボワーズ] (f.)
木イチゴ、ラズベリー

griotte
[グリオット] (f.)
グリオット（サクランボの一種）

groseille
[グロゼイユ] (f.)
スグリ

mûre
[ミュール] (f.)
クワの実、ブラックベリー

myrtille
[ミルティーユ] (f.)
コケモモ、ブルーベリー

フランスのサンドイッチは、**baguette** [バゲット] (f.) フランスパン に挟むのが一般的。定番は…

sandwich parisien
[サンドウィチ・パリジャン] (m.)
パリのサンドイッチ

塩バターと jambon de Paris [ジャンボン・ドゥ・パリ] (m.) パリのハム と呼ばれる白ハムで。

sandwich lyonnais
[サンドウィチ・リヨネ] (m.)
リヨンのサンドイッチ

塩バターと saucisson de Lyon [ソシソン・ドゥ・リヨン] (m.) リヨンのソーセージ と呼ばれるサラミ状のソーセージ、ピクルスで。

sandwich niçois
[サンドウィチ・ニスワ] (m.)
ニースのサンドイッチ

南仏名産のツナ、黒オリーブ、トマトなどで。

souvenir de vacances
ヴァカンスの思い出

乗馬のレッスン
Stage d'Équitation

Poney-Club, Club Hippique

Chère Parents et chers Adhérents,

Nous organisons pendant les vacances de Pâques, deux stages, l'un du Lundi 13 avril au vendredi 17 2009 (stage 1), l'autre du lundi 20 au vendredi 24 avril 2009 (stage 2) de 9 heures à 17 heures.

Ces stages comporteront de la théorie (anatomie des poneys, alimentation, sellerie, position du cavalier, soins quotidiens, etc..) et de la pratique (mise en selle, promenades, cours, jeux équestres, etc...).
Plusieurs groupes seront formés en fonction du niveau des enfants.
Pour les stages à la journée, les enfants déjeuneront sur place, sous notre contrôle, au Club-House.
Nous organisons également des mini stages de 9 heures à 12 heures ou de 14 heures à 17 heures.

Nous tenant à votre entière disposition pour tous renseignements complémentaires, nous vous prions d'agréer, chers Parents et chers Adhérents, l'expression de nos salutations distinguées.

La Direction

農場体験、バター作り、自然観察、野外スケッチ…。春ならではの様々な体験教室が開かれる中、乗馬のスタージュ(レッスン)に参加しました。健康診断書と保険証を提出し、casquette [カスケット] (f.) 乗馬帽、bottes [ボット] (f. pl.) ブーツ、cravache [クラヴァシュ] (f.) 乗馬用の鞭 を準備します。初日終了後「明日からはニンジンも持っていく」とのこと。馬と仲良くなって、言うことを聞いてもらうためだとか…。

ポニークラブ、乗馬クラブ

親愛なるご両親、また会員の皆様、

復活祭のヴァカンスに2つのスタージュを行います、1つめは2009年4月13日月曜日から17日金曜日まで(スタージュ1)、2つめは2009年4月20日月曜日から24日金曜日まで(スタージュ2)で、9時から17時です。

このスタージュでは、理論(ポニーの体の構造、食糧、馬具、乗馬のポジション、毎日の世話など)と実技(鞍の付け方、散歩、授業、馬術競技など)を行います。
子どもたちのレベルに応じて、複数のグループを作ります。
終日スタージュの子どもたちは、私たちの管理のもとで、クラブハウスで昼食をとります。
9時から12時まで、または14時から17時までのミニスタージュも行います。

詳細につきましては私たちスタッフにお問い合わせください。ご両親、また会員の皆様に、謹んで敬意を表します。

指導員一同

École Française d'Équitation
[エコール・フランセーズ・デキタシオン] (f.)
フランス乗馬学校

cent dix-neuf

en France
フランスで過ごすなら

フランスの庭園、ロワール地方
Val de Loire, Le Jardin de la France

パリ南西のロワール地方は、温暖な気候と美しい自然に恵まれ「フランスの庭園」と呼ばれています。パリから車を走らせると、春には、目にも鮮やかな新緑と菜の花畑の黄色のパッチワークの中、飛び跳ねる子羊やお昼寝中の牛の親子が見え隠れ。森の向こうには、当時の姿をとどめる優雅な古城が姿を現します。城を囲む王侯貴族のお狩り場だった深い森では、野生の鹿やイノシシに出合えるかもしれません。

Châteaux de la Loire [シャトー・ドゥ・ラ・ロワール] (m. pl.) ロワール地方の城 を、ロワール川の下流から上流へたどりましょう。

Château de Chinon　　[シャトー・ドゥ・シノン] (m.)　　シノン城
　Jeanne d'Arc [ジャンダルク] ジャンヌ・ダルク が当時王太子だった Charles VII [シャルル・セット] シャルル7世 に謁見したお城です。

Château d'Ussé　　[シャトー・デュッセ] (m.)　　ユッセ城
　Charles Perrault [シャルル・ペロー] シャルル・ペロー が《 La Belle au Bois dormant 》[ラ・ベル・オ・ボワ・ドルマン]『眠れる森の美女』のインスピレーションを得たお城。お姫さまはこのお城で眠っていました…。

Château de Villandry　　[シャトー・ドゥ・ヴィランドリ] (m.) ヴィランドリー城
　幾何学模様に手入れされた jardin à la française [ジャルダン・ア・ラ・フランセーズ] (m.) フランス式庭園 が美しいお城です。

Château de Chenonceau　[シャトー・ドゥ・シュノンソー] (m.) シュノンソー城
　川の上に橋のように渡されているお城。歴代の城主が女性だったので、《 Château des Dames 》[シャトー・デ・ダム] (m.)「女たちの城」と呼ばれています。

Château d'Amboise　　[シャトー・ダンボワーズ] (m.)　　アンボワーズ城
　François Ier [フランソワ・プルミエ] フランソワ1世 が Léonard de Vinci [レオナール・ドゥ・ヴァンシ] レオナルド・ダ・ヴィンチ を招き、近くに Le Clos Lucé [ル・クロ・リュセ] クロ・リュセの館 を建てました。

Château de Chambord　　[シャトー・ドゥ・シャンボール] (m.) シャンボール城
　レオナルド・ダ・ヴィンチが設計したといわれている escalier à double révolution [エスカリエ・ア・ドゥブル・レヴォリュシオン] (m.) 二重螺旋の階段 が見どころです。

à Paris
パリで過ごすなら

緑の森と公園
Les Espaces Verts

地図を広げたら、パリは東と西にそれぞれある2つの森に挟まれ、街の中には大きな公園がたくさんあることが分かります。それまでは狭くて不衛生だったパリを、ナポレオン3世が緑豊かなロンドンをお手本に、パリの大改造をしたおかげ…というお話もタブーにはならないほど、春から初夏にかけてのパリの公園は、陽気で楽しげなパリジャンで溢れます。

老夫婦がのんびり憩う広場や、恋人同士がささやき合う密やかな庭園もありますが、ここでは子どもも大人も楽しめる、緑豊かな公園をご紹介します。

パリ西部
Bois de Boulogne [ボワ・ドゥ・ブーローニュ] (m.) **ブーローニュの森** が広がり、その中に数々の公園があります。
- **Jardin d'Acclimatation**　　　　[ジャルダン・ダクリマタシオン] (m.)　**アクリマタシオン公園**
  1860年開業のレトロな子ども向け遊園地
- **Parc de Bagatelle**　　　　　　[パルク・ドゥ・バガテル] (m.)　　**バガテル公園（バラ園）**
  6月は花嫁さんたちの撮影スポットとして人気
- **Hippodrome de Longchamp**　[イポドローム・ドゥ・ロンシャン] (m.)　**ロンシャン競馬場**
  「凱旋門賞」のレース地
- **Stade Roland Garros**　[スタッド・ローラン・ギャロス] (m.)　**ローラン・ギャロス（テニスコート）**
  テニスの4大世界大会「全仏オープン」の開催地

パリ東部
Bois de Vincennes [ボワ・ドゥ・ヴァンセンヌ] (m.) **ヴァンセンヌの森** が広がり、その中に数々の公園があります。
- **Parc Floral**　　　　　　　[パルク・フロラル] (m.)　　　**パーク・フローラル**
  芝生の上で、ジャズやクラシックのコンサートも
- **Parc zoologique de Vincennes** [パルク・ゾーロジック・ドゥ・ヴァンセンヌ] (m.) **ヴァンセンヌ動物園**
  フランスで最大の公立動物園

パリ市内
都市の中にある緑豊かな公園は、**poumons verts** [プーモン・ヴェール] (m. pl.) **緑の肺** と呼ばれます。
- **Jardin du Luxembourg**　　　[ジャルダン・デュ・リュクサンブール] (m.)　**リュクサンブール公園**
- **Jardin des Tuileries**　　　　　[ジャルダン・デ・テュイルリー] (m.)　　　**チュイルリー公園**
- **Parc du Champ de Mars**　[パルク・デュ・シャン・ドゥ・マルス] (m.)　**シャン・ド・マルス公園**
  これらの公園には、広い芝生、木陰のベンチ、子どもの遊び場はもちろん、テラス席が気持ちのいいカフェも

cent vingt-trois

postface おわりに

「浴衣、金魚すくい、かき氷、花火…」と聞いて日本人が夏休みの思い出に包まれるように、
ここで取り上げた単語やフレーズは、フランス人のヴァカンスの記憶のインデックスです。
それは、ヴァカンスを巡る過去の記憶であり、
今なお繰り返されているノスタルジーでもあります。
とすると、外国語を学ぶということは、とりもなおさず、
「他人の記憶の中をさまようこと」ともいえるかもしれません。
そしてそれは、他人の過去にとどまらず、今ここで学んでいる現在を通して、
いつかどこかで「このフランス語に出会う」という
未来の自分をデザインすることへとつながります。
外国語を学ぶということは、自分の未来を描き出すこととなるわけです。
フランスに住んでいると、ヴァカンスを中心に1年が、やがて人生が、回り始めます。
フランス語を学ぶことは、「ヴァカンスのある人生をデザインすること」かもしれません。
動詞の活用や、名詞の性に眉間にしわを寄せて取り組み、あきらめてしまった方（私を含む）が
この本を通して、外国語を学び続ける楽しさを取り戻してくださったら、
これほどうれしいことはありません。

この本は、編集の尾原美保さん、三修社の松居奈都さん、デザイナーの木ノ下努さんをはじめ、
高野美緒子さん、夫・森田ひさみち、娘・ありあのサポートなくしてはできませんでした。

あたたかいお力添えに心からの感謝を込めて、2作目となる今回は、

   merci 2 mille fois !［メルシー・ドゥ・ミル・フォワ！］**1000 × 2 の感謝を！**

Je remercie pour leur aimable collaboration à la réalisation de ce livre.
Nathalie Chapuis, Kaoru Kunimoto,
Ye Chunqin, Essaadia Ettarfaoui, João Gonçalves, Sonia Hamot,
Anne Marotte, Marie-Laure Mirat, Virginie Pontani, Sandra Rodrigues,
Caroline Ryan, Ezzohra Soudoplatoff et les belles mesdemoiselles !

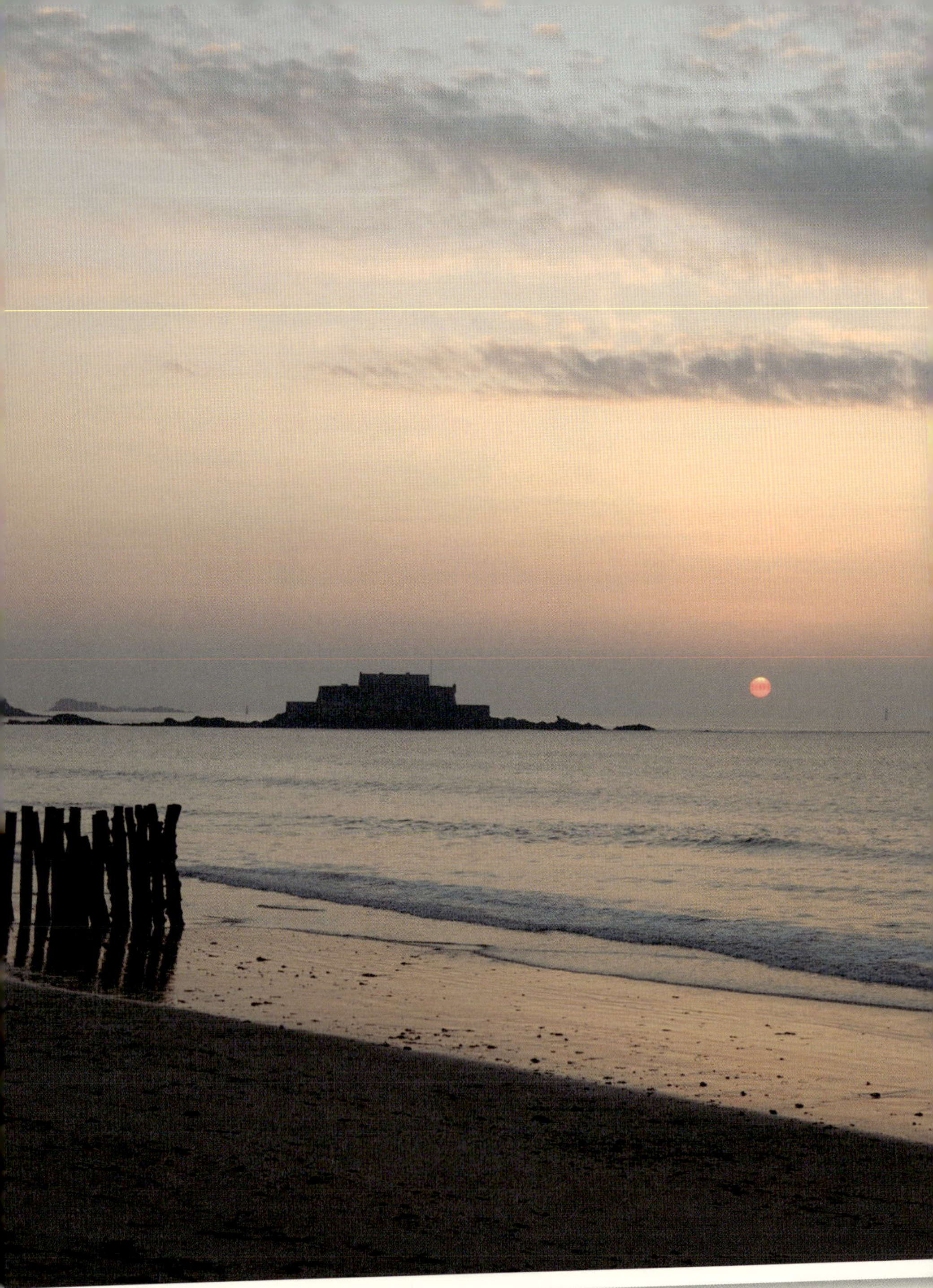

森田けいこ　Kéïko Morita
慶応義塾大学総合政策学部卒。同文学研究科修了。文学修士。
スタンフォード大学、ボストン大学大学院言語学科留学。
大学非常勤講師を出産を機に退職。
現在、物書きをしつつ、夫、娘ひとり、犬2匹とパリに暮らす。
著書『パリの幼稚園のフランス語ノート』(三修社)
メールアドレス：mkeikom@noos.fr

森田ひさみち　Hisamichi Morita
写真 (p. 2, 14, 32, 34, 38, 54, 60, 76, 78, 82, 100, 104, 120, 122, 125, 128)
ブログ「カメラと一緒にパリでお散歩」http://aria-paris.net/blog

森田ありあ　Aria Morita
絵（9歳）

企画・編集
尾原 美保　www.visualbook.jp/

デザイン
木ノ下 努［アロハデザイン］www.aloha-design.com

パリのヴァカンスのフランス語ノート

2011年7月20日　第1刷発行

著　者　森田　けいこ
発行者　前田　俊秀
発行所　株式会社 三修社
　　　　〒150-0001　東京都渋谷区神宮前 2-2-22
　　　　TEL 03-3405-4511　FAX 03-3405-4522
　　　　振替 00190-9-72758
　　　　http://www.sanshusha.co.jp
　　　　編集担当　松居 奈都

印刷・製本　株式会社リーブルテック

© Keiko MORITA 2011　Printed in Japan
ISBN978-4-384-05663-1 C0085

Ⓡ〈日本複写権センター委託出版物〉本書を無断で複写複製（コピー）することは、著作権法上の例外を除き、禁じられています。
本書をコピーされる場合は、事前に日本複写権センター（JRRC）の許諾を受けてください。
JRRC 〈http://www.jrrc.or.jp　eメール: info@jrrc.or.jp　電話: 03-3401-2382〉